SOCIÉTÉ DUNKERQUOISE

Pour l'Encouragement des Sciences, des Lettres et des Arts

(Reconnue d'utilité publique)

———✦———

CONGRÈS

DES

SCIENCES HISTORIQUES

EN JUILLET 1907

(RÉGION DU NORD ET BELGIQUE)

A DUNKERQUE

3ᵐᵉ VOLUME

(TRAVAUX DU CONGRÈS)

DUNKERQUE

IMPRIMERIE PAUL MICHEL, RUE DE LA MARINE, 23

1909

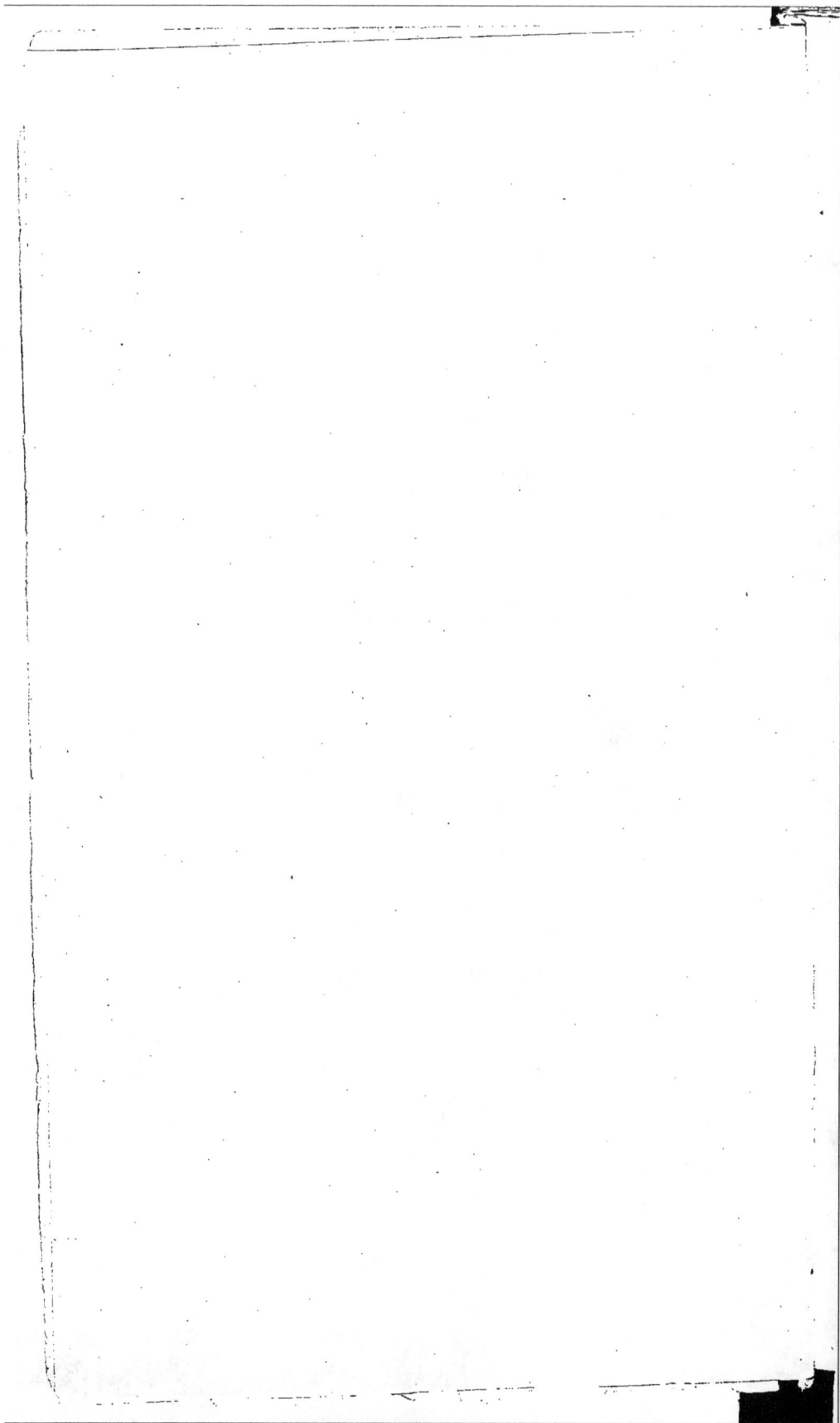

CONGRÈS

DES

SCIENCES HISTORIQUES

SOCIÉTÉ DUNKERQUOISE

Pour l'Encouragement des Sciences, des Lettres et des Arts

(Reconnue d'utilité publique)

CONGRÈS

DES

SCIENCES HISTORIQUES

EN JUILLET 1907

(RÉGION DU NORD ET BELGIQUE)

A DUNKERQUE

3ME VOLUME

(TRAVAUX DU CONGRÈS)

DUNKERQUE

IMPRIMERIE PAUL MICHEL, RUE DE LA MARINE, 23

1909

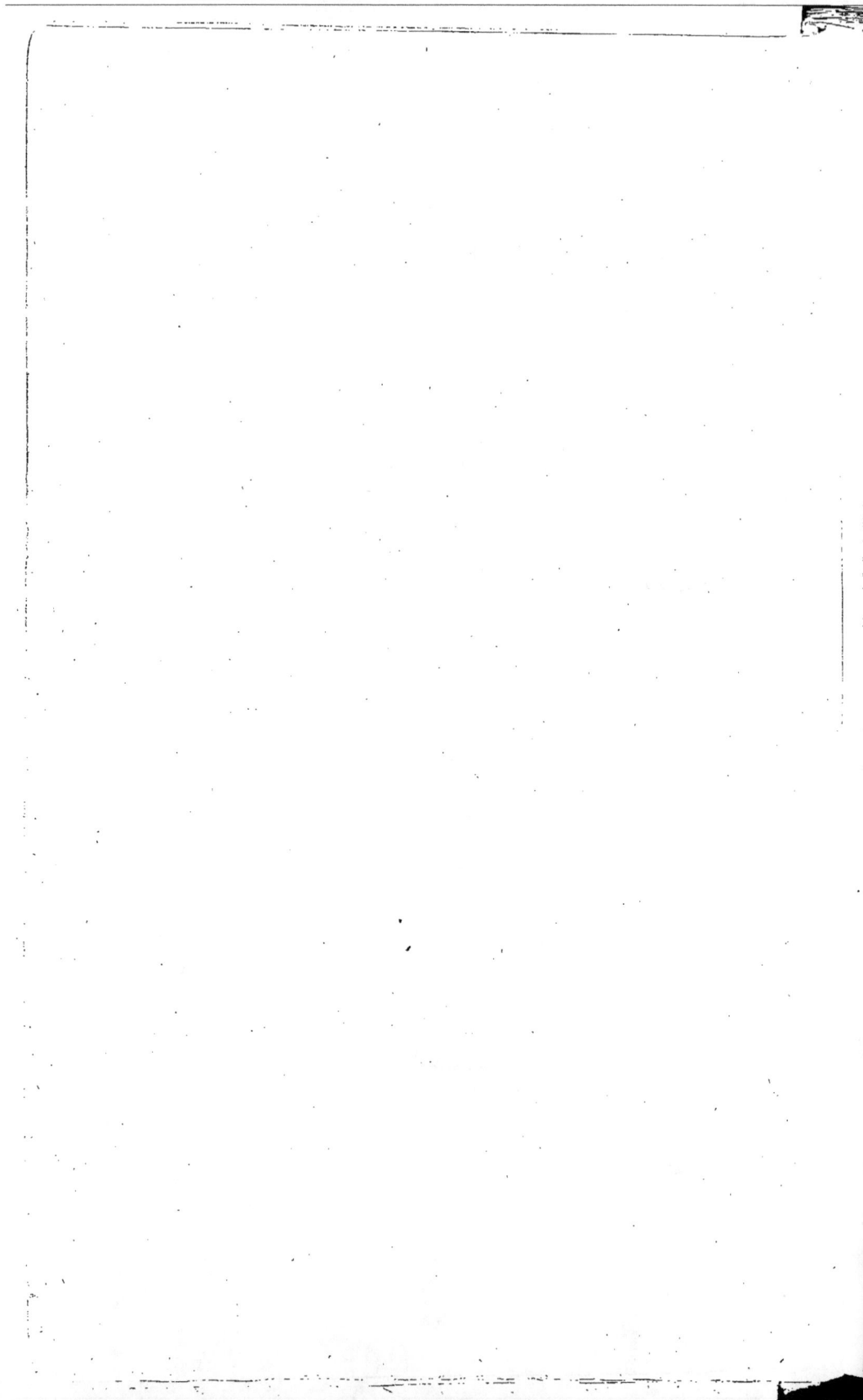

Petite Grammaire

DU

PATOIS PICARD

PAR

Alcius LEDIEU

Archiviste Municipal
Conservateur de la Bibliothèque Communale
et des Musées d'Abbeville
Vice-Président de la Société historique et archéologique du Vimeu.

INTRODUCTION

Pour la monographie de mon bourg natal, à laquelle je consacre, depuis plus de trente ans, mes courts instants de loisir, je devais faire une part assez large à l'idiome qui fut ma langue maternelle.

Cette partie de mon œuvre n'était point la moins ardue. A chaque instant, je me heurtais à des difficultés de tout genre, parce que le picard, de même que tous les patois, « n'a pas d'écrivains qui le fixent, dans le sens où l'on dit que les bons auteurs fixent une langue », suivant la judicieuse remarque de Littré[1].

C'est qu'en effet, depuis le quatorzième et le quinzième siècle, le patois picard, si florissant jusque-là, n'a plus été cultivé ni écrit. Ce n'est point, cependant, que les productions modernes et contemporaines en patois picard ne soient abondantes et variées ; c'est leur multiplicité même qui nous vaut la confusion orthographique que, dès 1834, Ch. Nodier trouvait pire que celle des ouvriers de la tour de Babel[2].

Nos patoisants ne paraissent pas se douter que des règles fixes président à l'orthographe du picard. Il y a parfois, suivant

---

[1] *Histoire de la langue française,* II, 130.

[2] *Notions élémentaires de linguistique...* Paris, 1834. In-18.

les régions, des différences très grandes dans la prononciation de notre dialecte, mais l'orthographe doit s'accommoder avec la prononciation, autrement l'on aurait des textes écrits dans une langue qui ne serait parlée nulle part. Il arrive trop souvent aux auteurs picards d'écrire le même mot de façon différente, suivant le son qui a frappé leur oreille. On tombe ainsi dans une véritable anarchie orthographique ; pour les plus lettrés mêmes de nos paysans, la lecture des productions en picard est le plus souvent incompréhensible.

Un philologue picard, H. Daussy, d'Amiens, a fait justement observer que notre patois n'est point du français corrompu et mal parlé. « Comme une erreur en engendre une autre, a-t-il ajouté, on a été amené à cette aberration de croire que le picard n'a point de règles, qu'on peut l'écrire à sa fantaisie, et qu'il suffit de figurer la prononciation des gens de nos faubourgs. Remarquez que ce sont des amateurs, je dirai même des fanatiques du picard, — car il faut en être fanatique pour écrire aujourd'hui dans ce patois, — qui l'ont constellé des combinaisons typographiques les plus étranges, l'ont présenté comme une sorte de langage hiéroglyphique, et ont fait penser à bien des gens qu'il ne pouvait appartenir qu'à un pays de sauvages. On nous a fait un picard indéchiffrable, absolument méconnaissable. Je vous prie en grâce de ne pas juger le défunt sur une aussi détestable photographie. Il n'était pas beau, on l'a rendu affreux (1). »

« Un patois, a dit Littré, n'a pas les termes de haute poésie, de haut style, vu qu'il est placé sur un plan où les sujets qui comportent tout cela ne lui appartiennent plus. C'est ce qui lui donne une apparence de familiarité naïve, de simplicité narquoise, de rudesse grossière, de grâce rustique (2). » Cette

---

(1) *Le patois picard et Lafleur* ; discours prononcé à l'Académie d'Amiens le 17 décembre 1876, p. 6.

(2) *Loc. citt.*

remarque si juste s'applique tout particulièrement au picard. Depuis une soixantaine d'années, les journaux locaux et les almanachs de nos chefs-lieux ont reproduit une foule de dialogues, de contes, d'historiettes, de chansons, de pièces de vers en patois picard plus ou moins fortement assaisonnés de sel gaulois, car notre dialecte, comme

Le latin dans les mots brave l'honnêteté.

Il ne faut point attacher à ces productions plus d'importance qu'il ne convient ; ces compositions fugitives sans « orthographe ni valeur littéraire que le premier vent emporte », n'étaient considérées par leurs auteurs que comme un amusement ; mais, au point de vue phonétique, elles sont néanmoins d'un réel intérêt, car elles marquent la transformation profonde de notre idiome, dont l'évolution est incessante. Aujourd'hui, le patois des jeunes gens de mon village n'est plus le même que celui des personnes âgées de mon enfance.

L'actuelle abondance d'écrits en picard permet aussi d'établir la différence notable qui existe entre ces productions et celles du milieu du dix-neuvième siècle. Il est vrai qu'en ce qui concerne les œuvres de nos modernes patoisants, il apparaît visiblement qu'elles ont d'abord été écrites en français ; par distraction ou pour toute autre cause, leurs auteurs, en les traduisant en picard, ont gardé des tournures et des mots français dont l'équivalent picard leur était inconnu ou ne venait pas à leur mémoire.

Le vocabulaire du patois picard est très restreint, ainsi qu'on en peut juger par le *Glossaire* qu'en a publié l'abbé Corblet ; cet auteur a catalogué un peu plus de six mille mots, y compris des doubles emplois, des mots particuliers à tel ou tel canton et inusités dans d'autres régions, des mots français et des mots du vieux picard tombés en désuétude.

Mon *Petit Glossaire du patois de Démuin,* — qui est

incomplet, il est vrai, — ne contient que trois mille trois cents mots. Comme on le voit, nous sommes loin des trente-six mille mots de la dernière édition du *Dictionnaire* de l'Académie française (décembre 1876) ; sur ce nombre, plu[s] de vingt mille mots sont soit d'origine savante soit d'origine étrangère ; si l'on déduit de ce chiffre les mots techniques spéciaux aux arts, aux sciences, aux métiers que seuls connaissent les initiés, — car aucun homme ne s'est jamais rencontré qui connût les trente-six mille mots du dictionnaire de l'Académie, — il ne reste qu'un nombre très restreint de mots usuels composant le fonds de la langue française et qui en forme sa véritable richesse.

On a estimé que, pour exprimer toutes les pensées qu'il peut avoir, un Français qui a reçu une instruction développée se sert de quatre mille deux cents mots dont trois mille huit cents d'origine latine et quatre cents d'origine barbare. Quant aux paysans illettrés de nos villages picards, leur bagage ne s'élève qu'à quelques centaines de mots.

Le patois picard ne peut donc guère être employé en dehors des nécessités communes de la vie domestique et de la vie rurale ; suivant la remarque de H. Daussy, « il est impossible de causer en picard de science, d'histoire, de philosophie, de belles-lettres, d'art, de politique, enfin de tout ce qui intéresse un esprit cultivé[1]. » Aussi, n'avons-nous jamais eu et n'aurons-nous jamais notre Mistral. L'auteur d'une excellente *Étude philologique sur le nord de la France*, qui vient de paraître, ne trouve à citer parmi les œuvres sérieuses que les *Chansons et Pasquilles lilloises* de Desrousseaux et les *Satires picardes* d'Hector Crinon, « qui sont des œuvres éminemment remarquables. » Mais le premier était moins bien placé que le second parce que le dialecte dont il a fait usage n'a point la pureté de celui du Santerre, que parlait Crinon.

---

(1) *Loc. citt.*, p. 9.

D'ailleurs, M. L. Brébion dit fort judicieusement dans son *Étude philologique*, que je reçois au moment de remettre le présent manuscrit à l'impression : « La première condition à remplir pour étudier un idiome provincial est évidemment d'en connaître à fond une de ses variétés ; il importe assez peu que ce soit celle-ci ou celle-là, mais il y a cependant avantage à ce que ce soit le parler d'une localité située au centre de la région linguistique. Ce parler différera moins des autres que celui d'une localité des confins (comme Lille), qui présenterait en outre des caractères étrangers à sa région proprement dite. Où qu'une localité soit située, il y a d'ailleurs toujours intérêt à connaître les mots qui y sont en usage ainsi que leur forme, de sorte qu'il ne saurait jamais être inutile d'en faire un relevé en prenant seulement la précaution de figurer les sons d'une façon aussi exacte que possible. L'écriture phonétique adoptée par la Société des parlers de France est tout indiquée dans ce cas. On peut, si l'on veut, se borner à cela et l'on aura déjà rendu service à la science en lui livrant un document. »

Vouloir établir, à l'heure présente, un système uniforme d'orthographe, ne fût-il qu'approximatif, c'est peut-être du temps perdu, bien que la philologie puisse être aussi utile à l'histoire des peuples qu'à celle de l'esprit humain ; j'ai cru cependant devoir en tenter l'expérience.

En composant ce petit traité, j'ai voulu seulement faire œuvre de vulgarisation pour mes compatriotes, et leur montrer que l'écriture du langage qu'ils parlent quotidiennement obéit à des règles, plus ou moins arbitraires, qu'ils ne soupçonnent guère.

Le picard est une langue romane qui fait suite à la langue latine. Le latin, on le sait, était parlé à l'origine par les Romains dans le Latium seulement. On appelle « roman » le latin provincial modifié par l'influence des diverses langues indigènes, celtique, basque, etc.

D'après deux maîtres de la philologie, feu G. Paris et M. E.
Langlois, « le latin s'étendit avec la puissance de Rome et
supplanta successivement les dialectes des nations conquises
dont la civilisation était inférieure à celle des Romains (1). »

Le latin vulgaire se transforma de plusieurs façons suivant
des influences diverses. Dans les Gaules, il a donné naissance
à deux groupes principaux, la *langue d'oc* et la *langue d'oïl* ;
cette dernière comprend six dialectes principaux ou plutôt six
groupes de dialectes : le normand, le picard, le wallon, le
lorrain, le francien et le champenois-bourguignon ; on a
voulu les réduire à quatre, les dialectes de l'Est, wallon,
lorrain, champenois-bourguignon ayant en effet quelques
traits communs par lesquels ils se séparent des autres, mais
il y a cependant des différences considérables (2).

Le francien était parlé dans l'Ile-de-France et aux alentours.
« De bonne heure, le parler de l'Ile-de-France qui, en litté-
rature n'était cependant pas le plus riche, commença à
prendre le pas sur les autres (3). » Peu à peu, les classes
supérieures de la société ont préféré le francien au picard, et
ce dernier ne servit plus qu'aux usages de la vie commune
chez les paysans.

Aujourd'hui, les patois picards ne sont qu'une langue parlée, qu'il est fort difficile d'écrire ; aussi, chaque picardisant
a-t-il sa manière particulière, d'autant que les prononciations
sont diversifiées à l'infini ; elles varient d'un village à l'autre,
d'une rue à l'autre dans le même village et aussi chez les
membres d'une même famille ; chacun écrit à sa guise et il
y a autant d'orthographes que d'auteurs.

La meilleure orthographe, c'est celle qui consiste à faire

---

(1) *Chrestomathie du moyen âge.* Introd., p. X.

(2) E. Hrkal, *Études sur le patois champenois de Clairvaux.* Vienne, 1897.

(3) G. Paris et E. Langlois, *loc. citt.*, p. XII.

emploi du nombre de caractères strictement nécessaires pour déterminer le son d'un mot. Les vingt-cinq lettres de l'alphabet suffisent au français pour marquer les sons que perçoit l'oreille ; le picard ne doit pas nécessiter un plus grand nombre de caractères. En tout, la simplicité est le dernier terme de l'art.

Il est peu de langues qui s'écrivent comme elles se prononcent ; elles ont souvent plusieurs notations pour une même articulation ou inversement. Le français lui-même présente semblable anomalie, puisque l'on écrit : *Nous portions des portions aux poules du couvent qui couvent ; il convient que nos parents vous convient ; nous notions les notions d'arithmétique de notre professeur.*

Des érudits, voulant appliquer aux patois l'*ortograf fonétik*, ont créé un système graphique dans lequel les voyelles et les consonnes sont accompagnées d'un nombre considérable de signes diacritiques afin de reproduire la physionomie de la prononciation [1]. Pourtant, de l'aveu même des partisans de cette graphie phonétique et uniforme, que je n'ai nullement l'intention de critiquer, au contraire, « ce système ne peut représenter tous les sons, dont la gamme renferme un nombre illimité d'intervalles [2]. » Rien n'est plus vrai pour le patois

---

[1] Dans un rapport au dernier congrès des maîtres-imprimeurs à Bordeaux, M. G. Protat, imprimeur à Mâcon, disait à la date du 14 juin 1907 que cette graphie scientifique « nécessite cent quatre-vingts sortes accentuées supplémentaires », ajoutant qu'il ne se passe guère de mois sans qu'il n'ait à faire graver et fondre des sortes nouvelles pour satisfaire les exigences des phonétistes.

[2] Ed. Edmont, *Lexique Saint-Polois*, Introd., p. XIII. Cet auteur, qui a assumé avec M. G. Gilliéron la lourde tâche de noter dans le monumental *Atlas linguistique de la France* les divers patois, reconnaît loyalement « qu'un Parisien, un Breton, un Normand, un Bourguignon prononcent le français d'une manière un peu différente de la prononciation d'un Artésien. Leur transcription pourrait, en conséquence, présenter quelques légères variations dans l'emploi des signes diacritiques. » *(Lettre à M. G. Protat).* — Au point de vue des comparaisons, la graphie adoptée par la Société des Parlers de France offre un avantage considérable en ce qu'elle repose sur une base ferme pour la figuration des sons, aussi s'est-elle rapidement répandue en France et à l'étranger, mais ce système d'écriture uniforme déforme complètement la figure des mots.

picard ; dans certaines régions, le *c*, le *g*, le *q*, suivis d'un *n* ont une prononciation particulière qu'on ne saurait rendre par la graphie et qu'il est indispensable d'avoir entendue.

Vouloir faire usage de l'*ortograf fonétik* pour le picard, ce serait créer des difficultés nouvelles, car les mots n'auraient plus ni forme, ni corps, ni figure, chaque auteur écrivant suivant les facultés de son oreille et l'impression qu'il en reçoit[1] ; le but que je poursuis ne serait pas atteint, puisque mon livre est surtout destiné à ceux qui ne sont point des linguistes.

J'admets que, pour les savants, l'on emploie l'orthographe conventionnelle qu'ils ont établie, mais seulement dans les glossaires[2] ; chaque mot, écrit d'après l'alphabet français, serait suivi de sa prononciation figurée suivant la terminologie scientifique des linguistes. Mais si l'on écrivait les œuvres en patois d'après cette méthode, elles ne pourraient être lues que par le plus petit nombre ; l'aspect de ces pages, que l'on prendrait pour du sanscrit, effraierait les plus hardis.

Pour le but que je me propose, j'ai cru devoir adopter la graphie qui, en français, correspond au son picard. J'ai voulu que ce petit traité, qui ne vise nullement à l'érudition, pût servir de guide à ceux de mes compatriotes qui seraient piqués de la tarentule d'écrire dans leur langue maternelle. Il devait donc être mis à leur portée ; aussi, pour la phonétique, je ne me suis nullement préoccupé de l'origine des sons ni de leur évolution.

---

(1) J'en prendrai pour unique preuve le nom d'un personnage qui figurait dans une cavalcade organisée à Montdidier le 2 avril 1905, où l'on voyait le célèbre docteur *Pubokozétacimiukoskof* : à l'œil, ce mot paraît appartenir à la langue russe ; cependant, à la prononciation, il rend parfaitement le son d'une sorte d'adage populaire : *Pu bos qu'os est assis, miux qu'o se coffe* (plus bas l'on est assis, mieux l'on se chauffe).

(2) Le *Lexique Saint-Polois* de M. Ed. Edmont (Saint-Pol et Mâcon, 1897), peut être donné comme un modèle du genre.

En proposant une façon raisonnée d'orthographier le patois picard, d'où la fantaisie est exclue, je me suis attaché à signaler les différences qui existent entre la langue littéraire et notre patois ; mais je ne saurais jamais assez m'élever contre la méthode erronée, que rien ne justifie, de certains orthographistes inexpérimentés qui proposent d'écrire d'abord en français, puis de traduire en picard ; il faut n'avoir aucune notion des différences qui existent entre la langue littéraire et notre patois pour oser donner un tel conseil.

Autant que possible, j'ai conservé l'orthographe française et ne m'en suis écarté que dans les cas où il était urgent d'agir autrement. Je me suis surtout conformé à l'orthographe des mots picards employés par les scribes du moyen âge dans les chartes et les nombreux documents qui me sont passés sous les yeux depuis plus de trente ans ; à cet égard, les riches archives municipales d'Abbeville, dont le dépôt m'est confié, m'ont été d'un grand secours.

Il ne faut pas perdre de vue que, si le francien a subi une évolution assez rapide pour devenir le marotique, puis le français de Bossuet et de Fénelon et enfin notre français moderne, le picard des douzième et treizième siècles s'immobilisait en quelque sorte dans le peuple des campagnes et ne subissait que de lentes et peu sensibles modifications ; c'est ce qui a fait dire à un linguiste d'occasion que le picard est « un arrêt de développement du français. » La raison en est tout autre ; le peuple des campagnes est un fidèle observateur des traditions, et, s'il estropie sans façon les quelques locutions françaises qu'il emploie parfois, il s'attache au contraire à s'exprimer purement dans son patois.

Il est une autre erreur trop souvent répétée, et dont il convient de faire justice ; les patois ne sont point, comme on le croit, du français corrompu. Le picard, ai-je dit plus haut, est une langue romane ; s'ensuit-il que les règles de l'orthographe et de la grammaire de notre patois moderne doivent être calquées sur celles de la langue romane ? Je ne le pense point. Ce serait faire œuvre de pédant que de laisser aux mots la figure archaïque de la langue littéraire du moyen âge qui, du reste, n'était point celle des habitants de la campagne ; s'ils la comprenaient, ils ne la parlaient point. Pourquoi écrire : *Cueurche* (cœurche), *estoit, sçavoir, sceu* (su), *veu* (vu), *sçoie* (soie, scie) ? N'est-il point préférable d'employer une orthographe débarrassée de toute lettre inutile ?

Pour la composition de ce petit traité, je me trouvais arrêté à chaque instant par une hésitation nouvelle, car, à tout moment surgissait une question épineuse ; ce n'est qu'après de multiples tâtonnements que j'ai pu formuler les règles qui doivent présider à l'écriture du picard de mon pays natal ; à maintes reprises, j'ai dû rejeter certaines règles trop facilement empruntées aux auteurs qui se sont occupés du patois picard.

J'ai été aidé dans cette tâche ardue par un savant professeur autrichien, qui s'est consacré avec beaucoup de succès à l'étude de nos patois : il faut reconnaître que les études romanistes comptent beaucoup plus d'adeptes à l'étranger que chez nous ; est-ce parce qu'ils y voient plus clair que nous dans la question de nos patois ?

En 1895, M. Ed. Hrkal, aujourd'hui professeur à une École technique et au Lycée libre de Vienne (Autriche), faisait paraître une petite étude sur mon *Glossaire du patois picard*, et, à cette occasion, j'entrai en relations avec lui. Je l'engageai vivement à développer son travail, qui était le premier essai de grammaire historique du patois picard paru jusque-là. Mon appel fut entendu et l'auteur se remit à l'œuvre de très bonne grâce ; il composa ainsi sa *Grammaire historique*, qui sert de complément et de suite à mon propre travail.

Ma *Grammaire du patois de Démuin* est calquée sur une

grammaire française en usage dans les écoles primaires. Je sais bien que cette imitation n'est point heureuse, mais je n'avais pas le choix. Les exemples que je donne à l'appui des règles posées sont tous empruntés à la conversation courante des habitants de Démuin. Je me suis bien gardé de recourir aux œuvres des picardisants pour l'excellente raison que leur orthographe est par trop fantaisiste.

Cette *Grammaire* servira d'introduction au *Petit Glossaire du patois de Démuin,* que j'ai fait paraître précédemment. Toutes les fois que l'occasion m'en a été fournie, j'ai rectifié l'orthographe de certains mots du *Glossaire* que j'ai livré à l'impression peut-être avec trop de précipitation, mais que j'espère refondre un jour en lui donnant plus de développement.

S'il se rencontre des erreurs dans cet essai succinct, la critique les découvrira : je ne la crains pas, je la recherche, au contraire, car c'est du choc que jaillit l'étincelle. C'est dans cet esprit que j'ai soumis mon travail au Congrès de la Société Dunkerquoise, qui publia d'abord dans un volume préparatoire un résumé de la présente introduction, que je lui avais adressé et que j'ai modifié depuis. C'est à la lecture de ce résumé que deux congressistes ont formulé des observations dont je ne puis faire état. Le premier reproche qui m'est fait c'est de m'être « visiblement inspiré » de la *Grammaire du patois boulonnais* du chanoine Haigneré. Rien n'est moins exact. J'ai longtemps correspondu avec le docte abbé qui, durant les dix dernières années de sa vie, fut l'un de mes meilleurs collaborateurs au *Cabinet historique de l'Artois et de la Picardie.* Nous nous occupions alors l'un et l'autre d'une grammaire du patois picard et nous avons souvent échangé nos idées ; si nous étions d'accord sur différents points, nous différions sur d'autres. Après tout, j'aurais pu suivre un moins bon guide ; si l'œuvre du regretté chanoine Haigneré est imparfaite, elle n'en est pas moins le fruit des longues et continuelles observations qu'il fit auprès des paysans au milieu desquels il passa la plus grande partie de son existence. Dans son excellent ouvrage philologique, M. Brébion constate avec regret que les patoisants « se sont médiocrement souciés de la correction de l'orthographe, et, dans le même auteur, le même mot se trouve trop souvent écrit de diverses façons » ; il ajoute fort judicieusement : « Il n'y a d'exception à faire que pour le chanoine Haigneré, qui s'est préoccupé d'établir un système, c'est-à-dire d'employer une orthographe uniforme et rationnelle. »

Dans une sorte de compte rendu qui fut bâclé pour un journal à la suite des séances du congrès, je lis : « *Certains* congressistes ne paraissent pas enthousiastes de *certains (sic)* principes de M. Ledieu. » Mes adversaires prétendent que « fixer la forme du patois en la rapprochant le plus possible de la forme française du mot correspondant, c'est le dépouiller de son originalité, c'est rendre impossibles la plupart des recherches étymologiques. » Cette critique ne tient pas debout, car je ne vois pas en quoi les recherches étymologiques présenteraient plus de difficultés que pour le français. Si j'ai adopté pour la graphie du picard celle qui se rapproche le plus du français, c'est que, dans son évolution continuelle, notre patois se rapproche de plus en plus de la langue littéraire ; si, dans mon enfance, j'entendais dire aux vieillards *bailler, aouir, enne caïéle, in cortil, in luset, enne chimentiére,* aujourd'hui ces mots sont inconnus et tout le monde dit : donner, enténe, chaise, gardin, chercueil, chimetière.

Un romaniste amateur, après avoir énoncé une vérité que tout le monde connaît, à savoir que « notre patois n'est pas autre chose que la langue romane », conclut par cette énormité « que le patois est un *arrêt de développement* de la langue française. » Or, voici ce qu'écrivait judicieusement M. Berthelot quelque temps avant sa mort dans la *Revue des Deux-Mondes,* précisément à propos de la réforme de l'orthographe : « *Jamais rien ne demeure en sa forme première ;*

aucune existence, aucun être vivant ne subsiste indéfiniment dans une figure et avec des qualités invariables : tel est le sort de tout homme et de toute nation, de toute œuvre individuelle ou collective. »

L'évolution est la grande loi des choses vivantes, aussi bien en linguistique qu'en histoire naturelle.

ALCIUS LEDIEU.

Bibliothèque d'Abbeville, 14 avril 1907.

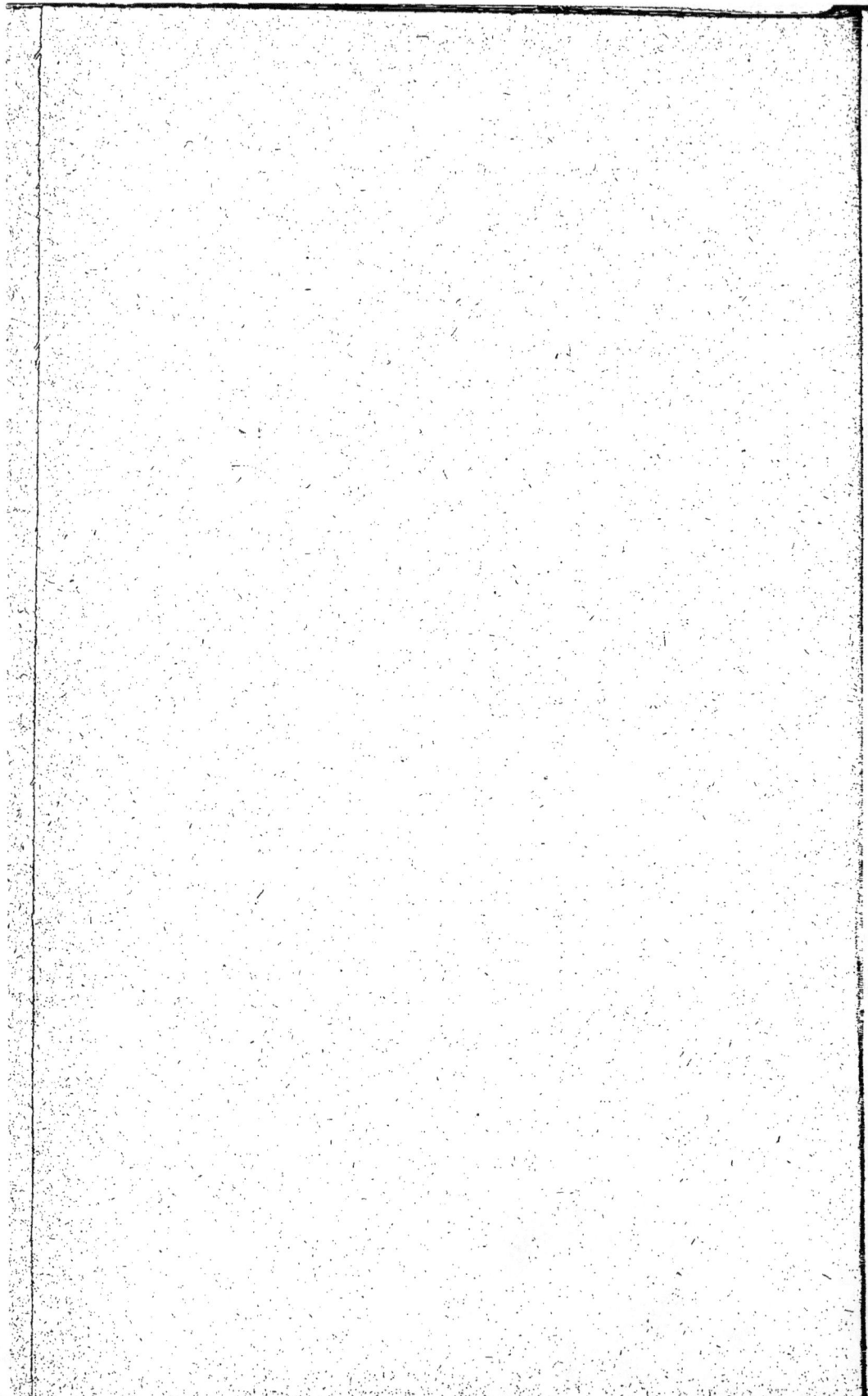

Orthographe et Prononciation

I

VOYELLES

1. Dans le corps des mots, les voyelles ont le même son qu'en français ; leur prononciation diffère pour quelques-unes, et, dans certains cas, lorsqu'elles sont employées en finale.

Del'a.

2. Cette voyelle se trouve au lieu de l'*é* dans de nombreux mots picards : *Acouter, affronter, alever ;* elle correspond à *o* dans *dammache, amelette,* et le remplace dans *gasiout* (fr. gosier) ; elle remplace *en* et *em* dans enjamber, enrhumer, embrasser : *agammer, arhummer, abracher.*

A s'ajoute au commencement de quelques mots : *ablouquer, aboutonner, aconduire, adevancher.*

A est toujours fortement nasalisé devant les consonnes *m* et *n* ; âme, Amiens, anisette se prononcent *an-me, An-miens, an-nisette.*

3. Les finales *ail, aille* ne sont pas mouillées ; bail, bétail, travail. bataille, bisaille, ferraille se prononcent et doivent s'écrire : *baile, bétaile, travaile, bataile, ferraile.* La forme *aille* est mouillée à l'intérieur du mot ; *bastailler, ferrailler, travailler* se prononcent comme en français.

4. Les finales *ais, ait,* se prononcent é fermé.

5. Aux groupes français *au, aud, aut* correspondent en patois de Démuin *eu, eud, eut* : *Boyeu, tuyeu, feuquer, feute, seutir, badeud, cœud, crapeud, asseut, défeut.*

2

De l'e.

6. Comme en français, il y a trois sortes d'*e* dans le patois picard de Démuin : l'*e* muet, l'*é* fermé et l'*è* ouvert.

7. L'*e* muet ou *e* féminin ne se fait pas entendre dans l'articulation ou se prononce faiblement *eu* dans des cas très rares ; il n'est marqué d'aucun accent et pourrait être supprimé à la fin comme dans le corps des mots, sans changer aucunement la prononciation ; *enne béle, granne, grosse, boine fame* se prononce : *Enn' bél', grann', gross', boin' fam'*.

Étant donné que l'*e* est toujours muet, il devient tout à fait inutile de le remplacer par une apostrophe comme le font bien à tort tous les auteurs picardisants ; ce système, que rien ne justifie, rend la lecture hésitante ; cette voyelle ne doit pas s'élider en picard plutôt qu'en français. On ne saurait trop s'élever contre l'abus des apostrophes à temps et à contre-temps dans le but de remplacer un *e* féminin où il y en a un et bien souvent aussi où il n'y en a pas. C'est un moyen commode pour ceux qui veulent faire des vers, — de mirliton, — mais que les prosateurs patoisants doivent repousser. L'anarchie orthographique de nos picardisants cesse seulement lorsqu'il s'agit de remplacer un *e* féminin par une apostrophe.

L'*e* de la finale muette des adjectifs qualificatifs du féminin pluriel qui précèdent le substantif devient toujours *é* fermé et doit s'accentuer : *Des heutés moisons, des courtés bottes, des bélès files.*

Les monosyllabes *je, te, se, me, le, de, che, ne, que,* placés au commencement d'une phrase, prennent un *é* de prosthèse s'ils sont suivis d'une consonne : *Éjé m'en vos. Éte mére al vient. Ése tante al est lo. Éme rouillére nœufe. Éle vaque mitaquelèe.*

Si trois de ces monosyllabes se suivent, c'est ordinairement le premier et le troisième qui s'accentuent : *Tu te souvaros d'éche qué tu m'os dit.*

Quand une syllabe muette précède une autre syllabe muette qui commence par une *r*, cette consonne prend un *é* de prosthèse : *J'éretorne à nou moison ; i vient d'érepartir.* Il y a de même un *é* de prosthèse dans : *T'évlo*, te voilà.

Les mots français commençant par *sc, sp, sq, st* prennent toujours un *é* prosthétique : *Escandale, escrupule, esquélette, estatue.*

L'*e* muet est resté dans la conjonction *ni* : *I n'o ne fu-ne liu ; i ne bouge ne pied ne patte.*

8. L'*é* fermé se prononce la bouche presque fermée ; il est surmonté d'un accent aigu, excepté lorsqu'il est suivi d'une consonne muette : *Pied, canter, bonnet, les, nez.*

A l'*é* fermé du français correspond souvent un *é* très ouvert dans le picard de Démuin à la fin des mots. *J'ai dinè ; à l'énèe.* Par contre, l'*è* ouvert du français devient fermé dans *abcés, excés, géne, préfét, bonnét, succés, sujét.*

L'*é* fermé des articles, des adjectifs possessifs et des adjectifs démonstratifs *les, des, ches, mes, tes, ses* devient *e* muet devant un nom qui commence par une voyelle ; l'*e* s'apocope et se remplace par une apostrophe : *Tous l's ans ; d's ormoires ; ch's enfants de nou voisin ; m's amis ; t's ésieux ; s's ailes ;* toutefois, pour *ses* et pour *tes*, l'apocope a rarement lieu.

L'*e* de *men, ten, sen* se remplace aussi par une apostrophe dans le même cas : *M'n anfant, t'n oncque, s'n adrèche.*

L'*é* fermé prend l'emploi de l'*a* dans année : *Énèe ;* de l'*i* dans diligence, hirondelle, architecte : *Déligence, hérondèle, archétèque.*

9. L'*è* ouvert se prononce en desserrant les dents ; le plus

souvent, il est marqué d'un accent grave ou d'un accent circonflexe : *Il o 'tè vir éche mariè d'éle semaine passèe.*

A l'è ouvert du français dans les verbes en *eter* correspond ùn *e* muet dans le patois de Démuin : *Éje cachete* (cach't), *j'acheterai* (ach't'rai), *il époussete* (épouss't'), *t'étiquete* (étiqu't'), *j'empaqueterai* (empaqu't'rai). Il se change en *é* fermé dans les verbes en *eler* et dans les finales *el, elle*, que l'on prononce et que l'on écrit *éle* : *J'appéle, i géle, éche ciéle, d'éle fichéle.*

10. Les syllabes *em* et *en* se prononcent comme *in* ou *ain*, qu'elles soient placées en finale, au commencement ou dans le corps des mots : *Embéter, enchens, apparence, quement, granment* se prononcent : *Inbéter, inchin, apparince, quemin, grànmin.*

Enfant, exemple, temps et ses dérivés se prononcent comme en français ; il est préférable de remplacer *e* par *a* et d'écrire : *Anfant, exampe, tans ;* c'est, du reste, l'orthographe des chartes du moyen âge. Corpulence devient *corporance* en picard.

11. *En* (prononcé *in*) remplace *an* dans un certain nombre de mots français quand la syllabe *an* est suivie de *ch* ou *j* : *Dimenche, boulenger.*

Il est à remarquer que *en* a deux sons bien différents : il s'énonce franchement *in* comme dans pain, vin, et c'est un *e* fortement nasalisé lorsqu'il est suivi d'une muette ; dans *rentrer, i ment, en* n'a point le même son que dans *rente, qu'i menche-te ;* la différence n'en saurait être marquée par l'alphabet français. En résumé, *en*, en position entravée *(rente)* se prononce plus fermé qu'il ne se prononce en position libre *(rend)* ou en syllabe protonique *(rendons).*

12. *E* s'ajoute dans truelle : *treüéle.*

13. *E* n'existe pas dans aveugle, pleuvoir, feu, jeu : *Avule, pluvoir, fu, ju*, ni dans la diphtongue *ieu*, qui se rend toujours par *iu : Diu, iue* (lieue), *Mathiu.*

14. *E* disparaît en règle générale à la 3ᵉ personne du pluriel de l'imparfait de l'indicatif et du conditionnel présent pour tous les verbes français des quatre conjugaisons : *Il aimaint, i finiraint, i rechuvaint, i rendraint.*

15. Les syllabes finales en *er* des adjectifs, des infinitifs et des substantifs ont le même son qu'en français, et leur *r* ne sonne jamais sur la voyelle initiale du mot qui suit ; cette remarque a son importance, car, dans le Vimeu, la finale *er* devient *eu.*

16. *Eu* correspond à *ou* dans boue, clou, éblouir et ses dérivés, moulin, roue, soûl, trou, qui font *beue, ébleuir, meulin, reue, seu, treu.*

17. La finale *ez* a le même son qu'en français.

De l'i.

18. *I* employé seul en finale ou suivi d'un *e* muet ou d'une consonne muette a un son fortement nasalisé qu'il est impossible de rendre par l'alphabet français. Dans la *Phonologie du patois de Cachy*, M. Thomas Logie l'a rendu par *eun ;* mais, à Démuin, — distant de six kilomètres de Cachy, — la nasalisation est beaucoup moins accentuée : *Abri, pinchie, cortil, suplis, profit, pertrix, riz* se prononcent avec un timbre nasal, mais il y a toujours un *i*, pas un *e* nasal. A part ce cas, *i* a la même prononciation qu'en français.

19. La finale *ier* n'a pas perdu son *i* comme en français : *Aidier, aguisier, boissier, flairier, plaidier, pissier, widier.*

20. *I* remplace *é* dans maréchal : *maricho.*

21. *I* n'existe plus dans nielle, aiguille : *nèle, aguile*, ni dans les finales *euil, cuille, ouil, ouille*, où *l* n'est jamais mouillée : *Deul, feulle, fenoul, chitroulle* ; cligner est devenu *clongner.*

22. I correspond à *oi* dans *mi, ti, vir,* moi, toi, voir.

De l'o.

23. Chaque *a* final devient *o* : *Arméno, bos, cot, éto, vlo, vérot*, almanach, bas, état, voilà, verrat. C'est pour la même raison qu'à la seconde et à la troisième personne du singulier du présent de l'indicatif du verbe avoir, et, par conséquent, aux mêmes personnes du futur simple, on dit : *T'os, il o, t'éros, il éro*. La même règle s'applique aux deux mêmes personnes du futur simple pour tous les verbes des quatre conjugaisons : *T'aimeros, i finiro, tu rechuvros* ou *rechuvaros, i rendro*.

Les noms propres suivent la même règle : *Colos, Thomos*.

24. Dans les mots terminés en *al*, *l* finale est tombée, et *a* n'étant plus suivi de cette consonne est devenu *o ;* il faut donc écrire *guevo* ou *quevo, maricho, mo*, et non *guevau*, etc.

25. *O* correspond à *au* dans pauvre et ses dérivés : *Pofe, povresse, povertè*.

26. *O* final est devenu *ou* dans *caracou, accrou, galoup, chiroup, troup, dous, fagout, licou, rossignou* et dans beaucoup d'autres mots.

27. *O* correspond à *ou* dans *boffiche, coper, borrèe, étorgneu, jornèe, oblier, norrir, porsuire, pomon, sorciu, torner, topiche* et autres mots.

De l'u.

28. Cette voyelle a le son français dans le corps des mots ; mais, en finale, elle est fortement nasalisée et sonne comme si elle était suivie d'une *n ;* ainsi, *fu, ju, pelu* se prononcent avec un timbre nasal, mais il y a toujours *u* nasal et non *eu* nasal ; il est d'ailleurs impossible de figurer avec les lettres de l'alphabet français cette prononciation particulière, qui est encore bien plus accentuée dans les villages situés au nord-

ouest de Démuin, tels que Villers-Bretonneux et Cachy, distants seulement de cinq et six kilomètres.

29. La syllabe *un* est très souvent remplacée par *in* ; alun, à jeun, chacun, commun, lundi se prononcent et s'écrivent : *Alin, à jin, chaquin, commin, lindi*.

30. *U* correspond à *l* dans *outiu, sourciu* ou *sorciu* ; fils devient *fiu*.

De l'ɣ.

31. Cette voyelle a la valeur de deux *i* dans le corps d'un mot lorsqu'elle se trouve placée entre deux voyelles. Le premier de ces deux *i* s'unit à la voyelle qui le précède pour la mouiller, et le second s'unit à la voyelle qui suit et forme avec elle une diphtongue : *Beyer, eyou, loyen, soyer*.

II

DES DIPHTONGUES.

32. *Diphtongues par* **a**. — La diphtongue *ai* en finale a deux sons : en *è* ouvert et en *é* fermé ; déblai, gai, mai, vrai se prononcent : *déblè, guè, mè, vrè*. Il en est de même pour la première personne du singulier du présent de l'indicatif du verbe *avoir ;* par conséquent, la finale de la première personne du singulier du futur simple se prononce toujours *è* ouvert pour tous les verbes.

33. Dans la composition des mots, la diphtongue *ai* est ouverte devant une syllabe accentuée et fermée devant une syllabe atone. Maire, taire, plaire se prononcent comme en français, tandis que mairesse, taisait, plaisant, se prononcent : *Méresse, tésoit, plésant*.

34. Les finales *ais*, *ait* ont le son de l'é fermé. Épais, marais, palais, lait, portrait, souhait, trait, se prononcent : *Épé, maré, palé, lé...*

35. *Diphtongues par* **e**. — Dans *eil* en finale, *l* n'est jamais mouillée ; pareil, soleil, se prononcent et s'écrivent : *pareile, soleile.*

36. La diphtongue *eu* a deux sons ; l'un est ferme comme en français : *Bleu, cavieu, cleu, heurter, neveu ;* l'autre ne laisse à peu près entendre que l'e muet comme dans *me, te, se,* français : *Je peux, je veux, aveu, tilleu.*

37. *Diphtongues par* **i**. — Elles sont très nombreuses : *Ia, ié, io, iu, iai, iei, ieu, iou, iin, ien, iin, ion.* Il est à remarquer que toutes les fois que ces groupes sont précédés d'une double consonne, dont la seconde est *l* ou *r*, comme *bl, br, cl, cr, dl, dr, fl, fr, gl, gr, pl, pr, tl, tr, vl, vr,* il n'y a pas diphtongue ; alors, il faut écrire *ï* : *Eclïer, chendrïer, détrïer, gœufrïer.*

38. *Ion* ne forme jamais dissyllabe.

39. Les finales françaises *ieu, ieue, ieux,* sont rendues par *iu* en patois de Démuin : *Essiu, ban-iu* (banlieu) *ciux, miux, viux.*

40. *Diphtongues par* **o**. — La diphtongue *œu* a deux sons distincts comme en français : *Cœud,* chaud, *nœud* se prononcent la bouche plus ouverte que *œu,* œuf, *bœu,* bœuf, *cœur,* qu'il serait préférable d'écrire *cueur* à cause du *c* palatal.

41. On trouve les diphtongues *oi* et *oy* au lieu de *i* dans *soie,* scie, et dans *loyer,* lier et *soyer,* scier, et leurs dérivés : *Loyen, loyeu, soyeusse.*

42. *Oi* remplace *ou* dans *moirir* et *eu* dans *joine, rajoinir.*

43. *Oi* se prononce *oé* et correspond à *ai* dans *boisier, boissier* et leurs dérivés, dans *moison* et ses dérivés, *roisin, foire*

(faire). Les terminaisons des verbes, qui font aujourd'hui en français *ais*, *ait* aux trois personnes du singulier de l'imparfait de l'indicatif et du conditionnel présent, ont gardé à Démuin l'ancien son *ouè* à la première personne et se prononcent *oué* à la seconde et à la troisième personne : *J'aimouè* (j'aimois), *tu finiroué* (tu finirois), *i rendoué* (i rendoit).

44. *Oie* se prononce *oè* dans *cloie, courroie, monnoie, oie, roie, soie, toie* (taie), *voie*.

45. *Diphtongues par* **u**. — Les diphtongues par *u* sont : *Ua, ué, ui, uo, uy, uen, uin. Ressuè, buèc, cuison, cuisiout, fuyant, puengne, bistencuin, racuin. Ua* et *uo* français sont remplacés par *oua* et *ouo : Nouace, pouanteur, os jouons* (verbe *juer*).

46. *Diphtongue par* **y**. — Elles sont peu nombreuses à citer : *Moyu, yu, eyou*.

47. La finale *yeux* se prononce comme en français : *Ennuyeux, joyeux*.

III

DES CONSONNES

————

48. Les consonnes sont les mêmes en picard qu'en français, excepté *gu* et *qu* palataux, qui n'existent pas en français.

49. Dans certains cas, quelques consonnes se font entendre en fin de mots ou quand elles sont suivies d'un mot qui commence par une voyelle ou une *h* muette ; mais, le plus souvent, elles sont muettes en finale, et c'est pour cette raison que les picardisants suppriment quelques-unes de ces consonnes finales.

B

50. Cette consonne a le même son qu'en français, au commencement et dans le corps des mots.

51. Par suite d'un idiotisme général à Démuin et qui s'étend à presque tout le domaine picard, on durcit le *b*, que l'on prononce comme *p* dans les finales muettes. Ainsi, les mots terminés par *ble* s'articulent *pe* : *Étape, diape, capape, tape, meupe, possipe, troupe*, pour étable, diable, capable, table, meuble, possible, trouble.

52. Quelquefois, la finale *ble* précédée de *m* se change en *me* ou en *ne* : *Comme, assanne, ensanne, tranne*, pour comble, assemble, ensemble, tremble.

53. La finale muette *bre* se prononce aussi *pe* : *Ape, sape, lipe*, pour arbre, sabre, libre.

54. Dans les finales en *ambre* et en *ombre*, *br* est remplacé pour quelques mots par une *m* : *Chamme, décomme, omme*, pour chambre, décombre, ombre.

55. Dans *jambe et flambe*, le *b* disparaît et se remplace par une *m* : *gamme, flamme*.

56. Pour d'autres mots terminés par *bre*, il y a apocope de l'*r* et le *b* est remplacé par *p* : *Septempe, octope, novempe, décempe, encompe*.

57. L'*e* de *bre* est transposé par métathèse au commencement des mots : *Bertainne, bertéle, berdouiller*, pour Bretagne, bretelle, bredouiller.

C

58. Comme en français, *c* est dur devant *a, o, u*, et doux devant *e, i*. Placée devant *u*, cette consonne a un son palatal

tout particulier, le même que *qu* a devant *i*, *e*, et qu'il faut avoir entendu ; cette prononciation spéciale, inconnue au français, ne s'étend pas à tout le domaine picard ; c'est pour cette raison que nous écrivons *hypothéquaire*, *bibliothéquaire*, parce que *ca* ne rendrait pas le son exact.

59. *C* correspond à *ch* dans *caleur*, *candeleur*, *canfe*, *canger*, *capéle*, *capelet*, *caperon*, *capieu*, *capon*, pour chaleur, chandeleur, chanvre, changer, chapelle, chapelet, chaperon, chapeau, chapon.

60. La finale *cle* s'apocope toujours dans la prononciation ; elle est remplacée par *que* : *Artique*, *miraque*, *sièque*, pour article, miracle, siècle ; on écrira *oncque*, oncle, pour le distinguer de *onque*, ongle, qui a la même prononciation.

61. La finale *cre* se prononce aussi *que* dans fiacre, ocre, sucre : *fiaque*, *oque*, *chuque* ; au commencement et dans le corps des mots, *cre*, devant une consonne, devient *quer* par métathèse : *Quervaison*, *quer nom*, *saquer nom*, *saquerdié*, pour crevaison, cré nom, sacré nom, sacredié.

62. *Ch* correspond à *s* au commencement de certains mots : *Chabout*, *chavatte*, *chucrer*, pour sabot, savate, sucrer.

63. *Ch* correspond à *c* français dans *besache*, *avanche*, *gnieuche*, *vêche*, *scienche*, *épinche*, *onche*, *douche*, *puche*, pour besace, avance, nièce, vesce, science, pince, once, douce, puce ; il en est de même dans *ichi*, *rachinne*, *chire*, *che*, *chent*, *enchens* et dans beaucoup d'autres mots, soit au commencement, soit à l'intérieur, soit à la fin : *chervéle*, *douchette*, *durchir*.

64. *Ch* correspond à *ss* dans chasser, chausser, débarrasser, dresser, hausser, glisser et leurs dérivés : *Cacher*, *cœucher*, *débarracher*, *drécher*... ; il correspond aussi à *x* dans chaux : *cœuche*.

65. *Ch* correspond à *g* dans les finales *age, ège, ige, inge, oge, ouge, uge, urge* : *Mariache, manéche, vertiche, linche, loche, rouche, déluche, purche,* pour mariage, manège, vertige, linge, loge, rouge, déluge, purge.

66. *Ch* s'ajoute dans bouffi et toupie : *Boffiche, topiche.*

D

67. Cette consonne ne se fait jamais entendre en finale.

68. *De,* à la fin d'un mot, sonne *te* : *Aïute, berleute, froite, laite, mote, cœute, rute* pour aïude (aide), berleude, froide, laide, mode, chaude, rude.

69. Dans les finales *ande, inde, onde,* le *d* se remplace par une *n* : *Marchanne, poule d'Inne, ronne,* pour marchande, poule d'Inde, ronde.

70. Dans la finale *ende,* le premier *e* s'accentue et le *d* disparaît : *Améne, provéne,* pour amende, provende ; il en est de même pour quelques mots terminés par *ande* en français, mais qui ont le son *éne* en picard de Démuin : *Béne, répriméne, sarabéne,* pour bande, réprimande, sarabande.

71. Dans les finales *andre, aindre, indre* et *ondre, dr* correspond à *n* : *Alexanne, crainne, cylinne, fonne,* pour Alexandre, craindre, cylindre, fondre.

72. Les finales *endre* font *éne* : *Atténe, surpréne,* pour attendre, surprendre.

73. Au commencement d'un mot, *de* se renverse par métathèse : *Eddens, edsur, edsous* (edzous) *edmander, edmeure, edpuis, edvenir,* pour dedans, dessus, dessous, demander, demeure, depuis, devenir ; mais il est préférable de faire précéder ces mots d'un *é* de prosthèse sans opérer la métathèse : *Edemeure, édedens,* ; s'ils sont placés au commencement d'une phrase, on peut ou non employer un *é* de prosthèse et écrire : *Depuis* ou *édepuis.*

F

74. Cette consonne ne parle en fin de mot que dans *vef*
(veuf) ; elle se supprime dans bœuf, œuf, neuf, soif.

75. *F* correspond à *v* et *vr* dans les finales *aive, auve, ève,*
ive, ave, uve, anvre, ivre, ovre : *Glaife, guimofe, séfe, salife,*
alcofe, cufe, canfe, vife, coffe, pour glaive, guimauve, sève,
salive, alcôve, cuve, chanvre, vivre, coffre. Il est à remarquer
que, pour la plupart des finales en *ève*, l'è ouvert français
correspond à *é* fermé picard : *Éléfe, gréfe, réfe, séfe*, pour
élève, grève, rêve, sève ; mais il correspond à *eu* pour d'autres
mots : *Gènevieufe, feufe, creufe, ẽ̈eufe, aïeufe, greufe*, pour
Geneviève, fève, crève, lève, élève, greffe.

76. *F* initiale se change en *b* devant *e* : *beseu de bos*, faiseur
de bas ; *i besoit bieu*, il faisait beau temps ; *i besaint leu*
ouvrache, ils faisaient leur ouvrage.

G

77. *G* est dur devant *a, o, u*, et doux devant les autres
voyelles.

78. Un idiotisme à signaler, c'est l'articulation palatale
toute spéciale du *g* devant *ue* ou *ui*, comme dans *marguet,*
guite. Les deux *g* du mot *gœuguer* (noyer) n'ont point la
même articulation ; le premier a le son du *g* français, mais
le second, dont la différence est à peine perceptible, sonne
comme s'il y avait *dg* ; il est d'ailleurs impossible d'en reproduire le son d'une manière satisfaisante, si ce n'est par
transmission orale.

79. A la fin d'un mot, *g* ne se fait pas plutôt entendre en
picard qu'en français : Étang, héreng, reng, sang se prononcent : *Étan, érin, rin, san*.

80. *G* correspond à *j* dans *ganne* (jaune), *gannir* (jaunir),

gardin et ses dérivés, *gambon, garretier* (jarretière), *gamme ;* — à *c* dans *garder, diffigultè, gœuloir, gripe* (crible), *en-glumme ;* — à *ch* dans *dégatouiller* (chatouiller) et ses dérivés, *guevo* (cheval) ; à *q* dans *liqueur* (liqueur).

81. *Gn* correspond dans un assez grand nombre de mots à *n* quand cette consonne est suivie d'une diphtongue commençant par *e, é, i, o, u : Paingnier, faignant, commugnion.*

82. Par contre, *gn* devient *nne* en position finale : *Bertainne, vinne, indinne, sinne, Champainne, Gasconne, montainne,* pour Bretagne, vigne, indigne, signe, Champagne, Gascogne, montagne.

83. *L* correspond à *gl, nn* correspond à *ngl, n* à *gn* à l'infinitif et à tous les temps des verbes en *gler* et en *gner : Avuler, étranner, assiner, égratiner, siner,* pour aveugler, étrangler, assigner, égratigner, signer ; *il avule, os étrannons, il assinoit...*

84. La chute de *gt* dans vingt quand ce mot est suivi de deux, trois, quatre, cinq, six, sept, demande l'emploi de *ne : Vinne-deux,... vinne-sept.*

85. Dans beaucoup de cas, *gre*, en composition devant une consonne, devient *guer* par métathèse : *Guergnier, guernoulle, guerzeulle, guerzillout ;* mais, à cause du son palatal tout particulier de *gu* devant *e*, il est préférable d'écrire : *Gairgnier, gairnoulle, gairzeulle, gairzillout.*

H

86. Cette consonne est presque toujours fortement aspirée, surtout par les vieillards. Mais, aujourd'hui, la forte aspiration d'autrefois ne se fait plus guère entendre par les jeunes générations ; on en est arrivé à faire la liaison avec les articles et les adjectifs : *Un ju d'hasard ; du fromache d'Hollanne ; un marchand d'hérengs.* Il y a cinquante ans, on ne se serait point permis pareille licence.

J

87. Cette consonne joue le même rôle que le *j* français.

K

88. Nos modernes patoisants font un emploi peut-être abusif de cette consonne, dont la nécessité ne s'impose pas plutôt au picard qu'au français ; sa disparition de l'alphabet picard ne laisserait aucun vide.

89. Les lettres *c* et *k* étant employées l'une pour l'autre dans toutes les littératures du moyen âge (française, allemande, anglaise), il devient inutile de s'occuper du *k* dans la grammaire d'un patois moderne.

L

90. Cette consonne se fait toujours sentir en fin de mot comme aussi lorsqu'elle est suivie d'un *e* muet : *Al, avril, carcul, gril, boule, canule.*

91. *L* finale des articles, des pronoms et des adjectifs monosyllabiques du singulier sonne toujours sur la voyelle initiale du mot qui suit.

92. Tous les mots à terminaison *il* qui se prononcent *i* en français ont la même prononciation en picard : *Baril, courtil, fornil, fusil, gentil, morfil* se prononcent sans faire entendre *l* ; il n'y a d'exception que pour *gril*.

93. *L* devant un *e* muet permute avec cet *e*, et l'on dit par métathèse : *elver, elvier, elvain,* pour lever, levier, levain.

94. En finale, *l* tombe presque toujours dans les autres terminaisons : *Noé, mié, sé, dégeu, qué, heut-mo, guero,* pour Noël, miel, dégel, sel, quel, haut-mal, cheval.

95. *L* tombe aussi dans quelques finales en *eul* et en *euil* : *Filleu, tilleu, lincheu, écureu,* pour filleul, tilleul, lincheul,

écureuil. Elle tombe dans centuple, disciple, plus, triple : *Chentupe, discipe, pu, tripe.*

96. Dans le pronom *al, l* disparaît en rendant longue et nasale la voyelle précédente : *an-ne sait mie rien, an-n'o point ieu,* pour : elle ne sait rien, elle n'en a pas eu.

97. *L* tombe devant un *i* consonne, c'est-à-dire devant un *i* qui est suivi d'une autre voyelle : *ieufe, i s'éïeufe, iard, iue, écoïer, saïère, escaïer,* pour lièvre, il s'élève, liard, lieue, écolier, salière, escalier.

98. *L* est tombée dans plus, plutôt, *pus, putout.*

99. *L* s'ajoute dans ortie, *ortile.*

100. Précédée d'un *i* en fin de mot, *l* ne se mouille jamais : Bail, bétail, soleil, sommeil, cerfeuil, deuil, œuil, Moreuil, poil, fenouil se prononcent et doivent s'écrire : *Baile, bétaile, soleile, sommeile, cerfeul, deul, œul, Moreul, poile, fenoul.*

101. Le double *ll* précédé de l'*i* ne se mouille que dans le corps des mots, pourvu toutefois qu'il ne soit point suivi d'une syllabe muette ; ainsi, l'on prononce *gambi-ier* et l'on dit des *gambi-lements ; habi-iure* et *habi-lement ; décani-ier* et *tu le décani-leros.* — Frileux se prononce *fri-ieux,* et poulette se dit *pouillette.*

102. En finale, le double *ll* suivi d'une muette ne se mouille jamais : *Bouteile, écaile, éreile, file, maile, gairnoulle,* pour bouteille, écaille, oreille, fille, maille, grenouille.

Il paraît rationnel de dédoubler *ll* et d'écrire ces finales suivant leur prononciation.

M

103. A la fin d'un mot terminé par une syllabe muette, la lettre *m* fait nasaliser la syllabe précédente. Ame, écume, dôme, il estime, elle réclame, se prononcent : *Amme* (an-me),

écumme, domme, il estimme, al éreclamme ; il paraît rationnel de doubler l'*m*.

104. Lorsqu'un mot commence par *m*, il se produit cette particularité que la voyelle finale du mot précédent se nasalise ; on ne prononce jamais *ma mére, à mesure,* mais bien : *man mére, an mesure.*

105. Suivant l'usage français, on doit conserver l'*m* devant *b, m, p,* et l'on doit écrire : *Emberlificoter, emmarvoyer, empécher* en avertissant que la syllabe *em* doit se prononcer comme s'il y avait *in*.

106. *M* tombe dans les finales *asme, isme : Cataplasse, catéchisse.*

N

107. Cette consonne nasale a la propriété de nasaliser la voyelle précédente, ce qui motive l'introduction d'une seconde *n : Bruinne, brunne, cancanner, glinne,* pour bruine, brune, cancaner, gline.

108. L'adverbe pronominal *né,* qui correspond au français *en,* nasalise la voyelle finale d'un impératif précédent ; prononcez donc : *Fois-n'né, prendez-n'né, demandons-n'né.*

109. Dans les finales *ande, ende, andre, endre, inde, onde,* le *d* tombe et se remplace par une *n : Hollanne, marchanne, amenne, Alexanne, défenne, poule d'Inne, blonne, monne, profonne ;* cependant, pour les finales *ende* et *endre,* il est plus conforme à la prononciation d'écrire : *améne, dépéne* pour amende, dépendre.

110. L'*n* de *men, ten, sen, en, nen, in* sonne toujours devant un mot qui commence par une voyelle ou une *h* muette : *M'n-ami, t'n-anfant, s'n-ésieu, en-allant, j'én'n-érai,*

in-homme. Mais l'*n* finale des substantifs et des adjectifs seulement ne doit jamais se faire entendre sur la voyelle du mot qui suit : *Andain* ‖ *à foire, bachin* ‖ *à véne, boin* ‖ *à tuer ;* il n'y a d'exception que pour ces locutions : *Boin ⏜ et cœud, boin ⏜ et grous ;* certains picardisants disent qu'il en est de même pour *bon ⏜ air,* mais ce mot est du féminin : *La bonne air.*

111. Placée à la fin d'articles, d'adjectifs autres que les qualificatifs, de pronoms, de prépositions ou d'adverbes, l'*n* sonne sur la voyelle initiale du mot qui suit : *J'én'n ⏜ érai, t'os boin ⏜ et cœud, vlo s'n ⏜ anfant, en ⏜ allant vous vir, il est en ⏜ étot de marcher, i n'o rien ⏜ à foire.*

112. Une *n* parasite s'est introduite dans pris et ses dérivés : *Prins, surprins, enterprins ;* dans maçon et ses congénères : *Manchon, manchonner,* dans brigand, *bringand,* cimetière, *chimentiére,* pigeon, *pingeon,* pépin, *pinpin.*

113. *N* se double dans les terminaisons en *ine : Bobinne, cousinne, faminne* pour bobine, cousine, famine.

114. Il y a chute de *n* dans un certain nombre de mots : *Béjamin,* pour Benjamin ; *da* pour dans, *gra* pour grand ; il est à remarquer que la chute de *nd* dans ce dernier mot n'a lieu que lorsque cet adjectif précède le mot faim : *J'ai gra-faim d'ête à demain ;* grand s'unit intimement au substantif et forme un nom composé avec ce dernier ; ce vocable est très fréquemment employé dans le patois picard. Il y a encore chute de *n* dans pantalon, *patalon,* bonjour, *bojour,* bonsoir, *bosoir ;* il en est de même dans *on* proclitique placé devant une consonne : *o sait,* on sait ; *o dit,* on dit ; mais si *on* est suivi d'une voyelle, *n* se remplace par *s : os o seu,* on a su ; *os avoit dit,* on avait dit.

115. *N* est remplacée par *l* dans *limérou, calongnier, sur-lommer,* pour numéro, canonnier, surnommer.

116. *N* initiale est tombée dans *os*, nous, autrefois *nos*.

117. Dans l'ancien groupe *enr, n* s'est assimilée à l'*r* et *e* est devenu *a* dans *Hariette*, Henriette, *vardi* ou *verdi*, vendredi, *maront*, mèneront, *paront*, prendront, *tère*, tendre.

P

118. *P* correspond à *bl* et *br* dans les finales *able, abre, èble, èbre, èpre, euble, ible, obre, ouble, upre* : *Admirape, lipe, sape...* pour admirable, libre, sabre...

Qu

119. Cette lettre, qui est romaine, est d'un emploi fréquent dans notre façon d'écrire le patois de Démuin ; le *c* dur ne pouvant être employé devant les voyelles *e* et *i*, nous nous servons de *qu*.

120. Comme le *c* et le *g*, le *qu* a deux prononciations distinctes ; l'une, qui est un idiotisme, ne peut être figurée à l'aide de l'alphabet français ; il faut l'avoir entendue ; ainsi, *quemin* et *queurre* n'ont point la même prononciation.

121. *Qu* correspond à *t* dans arète et crète : *Érèque, crèque*; — à *ch* en finale dans vache, pêcher, brèche, sèche, flamiche, cloche, bouche, ruche, éplucher, et dans une foule d'autres mots : *Vaque, péquer, brèque;...* — il correspond encore à *ch* au commencement d'un certain nombre de mots tels que chemin, cheminée, chemise, chêne, chènevis, cher, chien : *Quemin,... quéne, quénuisse;...* — à *el* dans les finales acle, ècle, icle, ocle, oncle : *Miraque, sièque;...* — à *gl* dans épingle, ongle, règle : *Épinque, onque, rèque ;* — à *g* dans charge, large, verge : *Cairque, larque, verque.*

122. *Qu* suivi de *ia, ie* doit être prononcé d'une manière particulière ; un picardisant fantaisiste dont l'exemple

n'a pas été suivi a cru mieux rendre ce son particulier en doublant cette lettre ; il écrivit ainsi : *Qquien, aqquiéner, tout
qquiant bernant (!)*

R

123. Au commencement d'un mot, *r* est fortement roulée,
ramon ; en finale, elle est faiblement roulée, *sur ;* elle est
muette dans la finale de l'infinitif des verbes en *er* et dans
celle des noms et des adjectifs qualificatifs.

124. Quand un mot commence par une *r* suivie d'un *e* muet,
la particule *re* se prononce *r'* en s'appuyant sur la finale du
mot précédent si c'est une syllabe forte : *Veux-tu retirer ten
pied ? I s'en vo rejoinne sen frére* se prononcent : *Veux-tu
r'tirer... I s'en vo r'joinne...* Aucun de nos patoisants ne
manque de pratiquer la suppression de l'*e* pour le remplacer
par une apostrophe, ce qui est absolument inutile.

125. Si, au contraire, la finale du mot qui précède *re* est
muette, il y a métathèse ou renversement de *re : Quoi qu'i te
retient ?* se prononce : *Quoi qu'i t'ertient ?* parce que *retient*
est précédé d'une muette ; dans ce cas, il est préférable, au
point de vue étymologique, d'ajouter un *é* de prosthèse et
d'écrire : *Quoi qu'i t'éretient ?* De même, on écrira : *I
s'éremuche ; tu n'os point d'érepous ; al veut s'érequinquer.*

126. Au commencement d'une phrase, il y a aussi renversement dans *re : Ertorne à te moison ; ercule pu loin ; éremarque éte plache ; ervenger sen frére ; ercanger che parc,*
que, pour la raison précédente, on doit orthographier : *Éretorne,... érecule,... éremarque,... érevenger,... érecanger.*

127. On emploie aussi un *é* de prosthèse dans le corps d'une
phrase après la finale muette d'un mot : *I vo li foire érepasser
baile.*

128. Dans la composition et à la fin des mots, il y a simplement métathèse : *Il est dianterment fort ; enne conterdanse ;
i travaile à conter-cueur* ; on dit proverbialement :

Enter Paques et pi le Pennecoute,
Pour dessert, o n'o qu'enne croûte.

129. Il y a encore renversement quand *re* est précédé d'une
consonne vibrante : *Pour erpartir ; sans erligion*, que l'on
écrit : *Pour érepartir ; sans éreligion*, avec un *é* prosthétique.

130. Le même cas se reproduit après les adjectifs possessifs
men, ten, sen, les articles, les pronoms et tous les adjectifs à
consonne parlante, comme après les syllabes à désinence
féminine qui paraissent être suivies d'un *e* muet, quoiqu'il
n'y en ait point : *M'n ercette ; t'n erlavure ; i n'aime point
d'erproche ; el l'ernard qu'il o prins ; in court erpos ; i feut
qu'al ervienche*, que l'on écrit : *érecette,... érelavure,... ére-
proche,... érenard,... érepos,... érevienche*.

131. On emploie indistinctement le pronom *i* ou son simi-
laire *il* devant les verbes qui commencent par *re* ; mais,
suivant les cas, il y a syncope ou métathèse : *I remercie sen
moîte* ou *il éremercie sen moîte ; i revaro* ou *il érevaro*.

132. *R* suivie de la finale *le* se remplace par *l* dans *palle
don*, parle donc ; *ch'est in peu-palle*, un homme qui parle
peu. Il en est de même dans les mots armoire, mirer,
miroir, récurer, tiroir,... que l'on prononce : *ormoile, miler,
miloir, réculer, tiloir...*

133. *R* est introduite dans *insurportape, surporté* ; il correspond à *l* dans *carcul, carculer, érechon*,... pour calcul,
calculer, leçon...

134. *R* produit quelquefois une autre *r* parasitique dans
pertrir, usurfruit.

135. Le préfixe *r* se joint très souvent aux verbes qui commencent par une voyelle pour indiquer que l'action est faite

de nouveau : *Rennaller, rentiquer, rassaquer, renvaler, rête, ravancher*, pour avaler de nouveau, enfoncer une nouvelle fois, etc. On dit aussi : *Vous revlo coire* pour : Vous voilà encore une fois.

136. *R* tombe dans un très grand nombre de cas, principalement dans les finales *re* : *Apote, balafe, chante, chite, conte, éte, gœuffe, lette, lite, moite, offe*, etc., pour apôtre, balafre, chantre, cidre, contre, être, gauffre, lettre, litre, maître, offre ; — dans vêpres : *veupes ;* — à la fin des adjectifs terminés en *eur*, ainsi que des substantifs de même terminaison qui indiquent une profession ou qui peuvent prendre la marque du féminin : *Batteu, laboureu, menteu, mouqueu ;* — à la fin de certains mots comme *loisir, plaisir, sur, leur ;* à l'infinitif des verbes terminés en *dre* : *Féne, plainne, ponne*, pour fendre, plaindre, pondre ; mais *r* est restée dans les mots qui expriment un état : *caleur, doucheur, grandeur, honneur, lueur*, de même que dans *malheur, peur, sœur, sueur.*

137. Il y a dissimilation dans *Magrite, réquir, ape,* pour Marguerite, requérir, arbre et dans un assez grand nombre de mots.

S

138. Cette consonne est dure, douce ou muette.

139. *S* est dure et sonne comme ç au commencement d'un mot : *Saloup, seu, sans-sens, sans-seuce*. Il en est de même lorsqu'elle précède ou qu'elle vient après une autre consonne : *Esbrouffeu, récompense.*

140. *S* est douce et siffle comme *z* lorsqu'elle est placée entre deux voyelles : *Marmousu, nasu, casaquin.*

141. *S* est muette en fin de mot : *Ches, dens, des, dous, gniais ;* — elle correspond à *x* dans *estrémiser, escusse,*

estraordinaire ; — entre deux voyelles, il y a métathèse à *sk :*
Fisque, sesque, tasque, fixe, sexe, taxe.

142. *S* est dure dans les finales en *aise, ase, ause, euse, ise,*
ose, ouse, use : Bleusse, bétisse, cosse, mousse, plamusse...

143. *S* ne s'écrit pas dans *pi* (puis), *pu* (plus).

144. *S* a disparu dans *boquet,* bosquet, *prébytère,* presbytère.

145. *S* est remplacée par *r* dans *merler,*v. fr. mesler, et ses
dérivés ; *pertrir,* v. fr. pestrir ; *varlet,* v. fr. vaslet.

146. Dans la langue romane du Nord, l'*s* finale du substantif n'indiquait point le pluriel puisqu'on employait cette
consonne au singulier quand le substantif était sujet de la
phrase et qu'elle disparaissait au pluriel : *Li reis* (le roi), *li*
rei (les rois). Se fondant sur cette règle, quelques rares picardisants, entre autres le chanoine D. Haigneré, ont proposé de
rendre le substantif invariable, d'autant que les correspondants français terminés en *ail* ou en *al* ne changent pas en
picard : *In baile* (bail), *des bailes ; éche bétaile, ches bétailes ;*
in général, des générals ; du mo, des mos ; in guevo, deux
guevos ; en outre, jamais, en aucun cas, on ne fait sonner l'*s*
final d'un substantif pluriel placé devant un mot qui commence par une voyelle ; c'est l'article et l'adjectif qui doivent
déterminer le nombre du substantif. Cette règle m'avait séduit,
et je l'ai souvent appliquée ; cependant, à la réflexion, j'ai
préféré me conformer à la règle de la grammaire française,
puisque les *s* sont muettes aussi et que la liaison ne se fait
presque jamais.

147. L'*s* finale ne s'unit à la voyelle initiale du mot suivant
que dans les articles, les adjectifs et les pronoms pluriels qui
précèdent les substantifs auxquels ils se rapportent : *Des-*
ésieux, ches-agaches, mes-amis, tes-anfants, ses-éreiles, des
grands-apes, des movaises-herbes, des grous-ésieux, trois-
hommes, nous-oies, vous-yux, os-irons, leus-alouettes ; l'*e*

médial de ces mots proclitiques s'élide presque toujours : *Ch'est d's anfants mal alevès ; os-tu vu ch's ésieux* ou *s'z ézieux qu'os ons attrapès ?*

148. L's finale des substantifs et des terminaisons verbales ne se lie jamais avec l'initiale du mot suivant.

T

149. Cette consonne est muette en finale, excepté dans *but, sept, huit, vingt.*

150. Dans les formes verbales, *je sut, t'est, il est, i sont, le t* final se fait entendre s'il est suivi d'un mot commençant par une voyelle ou une *h* muette : *Éje sut-événuè, t'est-in beudet, il est-envoie, i sont-au l'omme.*

151. *T* s'unit aussi à la voyelle initiale du mot suivant dans *pout-au fu*, quelquefois dans *pout-au lait*, mais jamais dans *pout à boire.*

152. Dans les finales *de, t* correspond à *d : Gambate, timite.*

153. *T* tombe dans Pentecote ou Pentecoute, où il est remplacé par une *n : Est arrivè enter Paques et pi Berteul, da le paroissé d'èle Pennecote*, dit-on à quelqu'un qui raconte un fait invraisemblable qu'il donne comme réel ; on exprime ainsi que l'on n'est point dupe de son mensonge.

154. *T* tombe aussi dans *trente, quarante, chinquante, soixante*, lorsque ces nombres sont suivis des autres nombres *deux, trois, quatre, cinq, six, sept* ; il en est de même pour *soixante*, suivi de *dix, douze, treisse, quator, quinse, seisse, dix-sept, dix-huit, dix-neuf* ; le *t* est remplacé par une *n : Trenne-deux,... soixanne-dix-neuf.*

155. *T* tombe encore dans les finales *aste, este, iste, oste, uste : Égoïsse, Augusse.*

156. *T* est remplacé par *c* dans *culmute* (ce mot picard est un bâtard curieux des mots *culbute* et *tumulte*), mais il remplace *c* dans *chartutier*, charcutier.

157. *T* est remplacé par *qu* dans pituite, *piquite*.

V

158. *V* sert en initiale, en composition et en finale : *Vaque, avaloir, alever.*

159. En finale, *v* suivi d'un *e* muet correspond à *f* : *Creufe, feufe, éïeufe,* pour crève, fève, élève.

160. Il en est de même pour la finale *vre*, dans laquelle l'*r* tombe : *Fieufe, ieufe, mieufe, orfeufe, life, poife, pofe,* pour fièvre, lièvre, mièvre, orfèvre, livre, poivre, povre.

161. *V* est tombé dans suivre et ses dérivés : *suire, porsuire,* suivre, poursuivre ; dans mauve, guimauve : *meu, guimeu.*

162. La syllabe *vre* suivie d'une consonne forte se renverse : *Povertè* pour pauvreté. Il y a aussi métathèse lorsque la finale *vre* est suivie d'un mot commençant par une consonne : *Enne pover fame ; qué pover fame !* Cependant, on dit aussi : *Enne pofe fame ; quées pofes fames !* en supprimant l'*r*.

163. *V* initial est remplacé par *b* devant un *e* muet dans vigile, *begile.*

164. *V* initial est tombé dans *os,* vous, autrefois *vos.*

W

165. Se prononce à l'anglaise avec le son *ou* : *Warder, water, watieu, widier* et ses dérivés : Garder, gâter, gâteau, vider.

X

166. *X* se prononce *sse* dans toux, *tousse,* poulx, *pousse.*

167. *Ex* initial suivi d'une consonne se prononce *es* : *Escuser, estirper, espliquer*, pour excuser, extirper, expliquer.

168. *X* en finale s'unit à la voyelle initiale du mot suivant dans *deux, six, dix* et dans l'adjectif *bieux* au pluriel : *Deux-hommes, six-aingnieux, dix-ésieux, des bieux-ognons.*

Z

169. Cette consonne est remplacée en finale par *s* dure dans la prononciation des mots *onsse, dousse, treisse, quinsse, seisse.*

GRAMMAIRE

CHAPITRE PREMIER

DU SUBSTANTIF

170. Le genre des substantifs du patois picard de Démuin diffère parfois de celui de leurs correspondants français. Ainsi, *bourrique, couloire, cravate, dent, dragèe, faim, garretier* (jarretière), *glu, gomme, loute* (loutre), *meuron* (mûre), *passoire, poute* (poutre), *prison, réque* (règle), *ringolisse* (réglisse), *soi* (soif), *tombe* sont du masculin. Par contre, *ache* (âge), *air, carbonate, centime, chimetiére* ou *chimentiére, éclair, emplate, exampe, évangile, froid, honneur, légumme, manche* (d'outil), *orache, osiére* (osier), *ouvrache, rhumme* sont du féminin.

171. Un certain nombre de noms d'oiseaux, d'insectes et de petits animaux sont du féminin : *Corneile* (corbeau), *hulotte* (hibou), *pionne* (bouvreuil), *orméle* (merle), *verdiére* (verdier).

172. Comme il arrive pour le français, la troisième personne du singulier de l'indicatif de plusieurs verbes de la première conjugaison se transforme en substantif : *Attrape, devise, jappe, manque, presse, revenche.*

173. Beaucoup d'onomatopées sont des noms : *Berdoudouf, broubrou, chic-choc, clic-clac, cod-codache, perdouf, pif-paf-pouf, pourth !*

174. Comme en français, les substantifs picards prennent une *s* ou une *x* au pluriel, mais cette lettre ne se fait jamais entendre sur l'initiale voyelle du mot qui suit.

175. Les noms en *al* suivent la règle commune : *In jornal, des jornals ; in caporal, des caporals.*

176. Les substantifs picards terminés en *eu* (*eur* en français) font leur féminin en *oire : Agrippeu, agrippoire ; farfouilleu, farfouilloire ; maqueu,maquoire ; menteu,mentoire ; pissieu, pissioire ; vanteu, vantoire.*

177. Le substantif ne s'emploie jamais seul et directement comme sujet du verbe ; il est placé au commencement de la proposition pour indiquer de qui ou de quoi l'on parle, et il est ensuite représenté par un pronom devant le verbe ; cette règle ne subit aucune exception : *Eche berger il est venu ; mon pére i n'est point content ; à toute heure, quien i pisse, fame al brait ; tout le monne i vo le vir.*

178. Pour les noms propres de personnes, les rapports de progéniture ou de propriété ne s'expriment jamais par la préposition *de : Eche dergnier fiu Firmin Cadet-Boucher ; èche cuin quiout Piqueu ; i s'en vo moison Jean Gagai.*

179. Les prénoms sont fort souvent abrégés et réduits à la dernière syllabe, qui est quelquefois répétée et affaiblie : *Sanne, Sansanne, Drine, Dodor, Minmin, Pipine, Tintin,* pour Alexandre, Alexandrine, Isidore, Firmin, Philippine, Augustin.

180. Quelques noms communs sont aussi réduits de la même manière pour les enfants ; on les appelle mots hypocoristiques : *Pépére, mémére, sœusœur, fréfrére, mimine, papar, nonnoncque,* pour grand-père, grand'mère, sœur, frère, chat, petit garçon, oncle.

CHAPITRE II

DE L'ARTICLE

181. Les diverses sortes d'articles du patois de Démuin sont :

Sing. masc. : *Au, du, che, à che.*

Sing. fém. : *La, de la, à la, à le, de le, d'éle* ou *del.*

Sing. des deux genres : *Le* (*el* par renversement).

Pl. des deux genres : *Les, des, aus, as, ches, à ches.*

182. L'article *au* s'emploie de préférence à l'article *à le* comme marque de respect ; on dit : *S'érequemander au bon Diu putout qu'à ses saints ; obéir au pape ; parler au roi. Au* ne subsiste que dans un petit nombre d'expressions telles que : *Aller au meulin, au cabaret, au médecin ; porter au gairgnier, au loin, au soir, au Noë, au mardi gros.*

183. *Aus* est fort peu usité ; il est plus souvent remplacé par *à ches.*

184. L'article de forme adjectivale *che* détermine l'individualité, la personnalité : *I met che capieu de sen grand-père ; i donne in sou à che pofe qu'i vient tous les lindis.* Quand cet article est placé au commencement d'une phrase, on le fait généralement précéder d'un *é* de prosthèse : *Éche capieu de sen grand-père ; éche pofe qu'i vient tous les lindis.* Lorsque *che* est placé devant un mot commençant par *s, ç* ou *ch*, la chuintante se transforme dans la prononciation en sifflante : *Che saint, che seigneur, che sérusien, che chercueil, che cerfeul* se prononcent : *C'saint, c'seigneur...* Ce procédé euphonique de sifflante forte en *ç* ou *s* est de règle générale à Démuin.

185. L'article *la, de la, à la* s'emploie devant les mots exprimant des idées générales, des choses uniques dans leur espèce
ou qui inspirent le respect ; devant les noms de pays, on dit :
La France, la Picardie, la Belgique ; de même devant certains mots employés absolument : *La terre, la lunne, la justice,
la communne, la charitè ;* comme on le voit, dans ce cas, l'article et les substantifs sont empruntés au français, mais, hors
ce cas, on dit : *Le tére al est sèque, le communne d'Obercourt;...*
on fait encore usage de *la* dans certaines locutions : *A la fin,
dire la bonne aventure, par la suite, à la bonne heure, à la
brunne,* etc.

186. L'article *de le* ou *d'éle* en ajoutant un *é* de prosthèse,
peut aussi s'écrire *del* comme en roman : *1 boit d'éle biére* ou
del biére ; al érevient d'éle féte ou *del féte.*

187. L'article *le* s'emploie pour les deux genres ; placé
devant un mot qui commence par une voyelle ou une *h* muette,
l'*e* se remplace par une apostrophe : *1 vo à l'école ; travailler
pour l'honneur.* Placé devant un mot commençant par une
consonne ou une *h* aspirée, l'*e* reste absolument muet : *Ch'est
le mére éde nou voisin ; vlo le fiu d'éche boucher ; da le haie
de vou gardin.* Placé au commencement d'une phrase ou
venant après une consonne, il y a renversement dans l'article
le : El fame Gleude ; el fiu José ; cante el canchon dormoire ;
pour marquer la prononciation, il vaut mieux ajouter un *é*
de prosthèse et écrire : *Éle fame Gleude ; éle fiu José ; cante
éle canchon dormoire.*

188. On n'emploie pas indifféremment *el* ou *éle* pour *le.*
Lorsque l'on veut exprimer une idée générale, on se sert de
le ; quand on parle, au contraire, de choses particulières,
spéciales, *le* est remplacé par *éle* ou *el. Le monne* signifie la
création ; *éle monne* désigne la terre, la vie présente, les gens ;
l'école veut dire l'instruction ; *éle l'école,* c'est le lieu où l'on
donne l'instruction.

Placé devant un mot qui commence par une voyelle ou une *h* muette, *el* ne doit jamais s'écrire *éle* à cause de la prononciation sonore de *l*, qui sonne comme s'il y avait *el'l : Iou que tu mettros el l'affoire-lo ? Ch'est-ti el l'héritache éque t'os foit ?* Il arrive même souvent que *el* se transforme en *l* sifflante prolongée ; on ne dit pas : *Vlo el l'argent que j'ai gaingnè ; ch'est el l'histoire qui m'o apprins ;* on prononce : *Vlo l'largent,... ch'est l'l histoire...*

189. Comme *au, la, de la, à la*, l'article *les* ne s'emploie guère que devant les noms inspirant le respect ou exprimant des idées générales ou uniques.

190. Placé immédiatement devant un mot qui commence par une voyelle ou une *h* muette, *des* perd son *e* et l's sonne toujours comme *z* devant la voyelle initiale du mot qui suit : *D's étoiles, d's apes, d's accidents, d's hommes.* Dans le corps des phrases, *des* doit être suivi de *z'z* ou *z* simple sonore conformément à la prononciation : *A le clairtè des z'z étoiles ; ches feulles des z'z apes ; o ne voyoit qu'éche dous des z'z hommes.*

191. L'article *as* est d'un usage fréquent ; l's finale, sifflant comme *z*, s'unit à la voyelle initiale du mot suivant : *Chercher as œus ; marcher as écaches ; aller as noisettes ; cacher as puches.* Le roman faisait un emploi fréquent de cet article, particulièrement pour les noms de personnes ; on trouve dans des actes du moyen âge Pierre As Coutiax puis As Coutiaux, Eustache As Enfants, Jean As Œufs, etc., qui sont devenus depuis des noms patronymiques ainsi francisés : Auxcouteaux, Auxenfants, Azœuf.

192. L'article démonstratif *ches* pour *les* se prononce avec *é* fermé devant les mots qui commencent par une consonne ou une *h* aspirée : *Ches gardins, ches camps, ches houpeux, ches h ousse-tabac ;* il est tout à fait inutile d'accentuer l'é. Suivi

d'un substantif à initiale voyelle, l'*e* de *chęs* devient nul et doit se remplacer par une apostrophe : *Vo vir si ch's aveines i sont levèes ; entends-tu ch's ésieux canter ? i n'o de bieux choux da ch's hortillonnaches.* Mais cette règle n'est pas absolue, car il arrive très souvent que l'on dit : *Ches alouettes, ches asseureus ; ches* devient aussi *s'z, z* par assimilation : *Ess'z aveines* ou *s'z aveines i sont-ti boines à coper ? ess'z asseureus* ou *s'z asseureus i s'en vont venir ; ess'z hortillonnaches* ou *s'z hortillonnaches i sont enherbès ; ess'z hèrengs* ou *s'z hèrengs d'èche marchand i ne sont point frais ; ess'z hennetons* ou *s'z hennetons que t'os attrapès.*

CHAPITRE III

DE L'ADJECTIF

———

193. Il y a trois sortes d'adjectifs : les qualificatifs, les déterminatifs et les indéfinis.

194. I. Adjectifs qualificatifs. — Ils servent, comme en français, à qualifier les substantifs ou à en marquer la qualité ; ils ne s'écrivent pas de même au masculin qu'au féminin : *Èche poêle il est froid, le soupe al est froite ; èche poêle il est cœud, le soupe al est cœute* ; il est à remarquer que le *d* de ces adjectifs sonne *t* au féminin, lequel se forme par l'addition d'un *e* muet : *Un boin fiu, enne boine file.*

195. Les adjectifs terminés par *f, l, n, s, t* font leur féminin en doublant leur consonne finale que l'on fait suivre d'un *e* muet : *Vef, nul, fin, épais, propet* font : *Veffe, nulle, finne, épaisse, propette.*

196. *Blanc, frés* (mouillé), *set* font : *Blanque, frecque, secque. Long* fait *lonque ; gres* (gras) fait *grasse* et *grous* (gros) fait *grosse ; quiout* fait *quiote ; bieu, nouvieu, fou* font *béle, nouvéle, folle.*

197. Les adjectifs *beudet* (ignorant), *borgne, pofe* font *beudesse, borgnesse, povresse.*

198. Les adjectifs picards terminés en *eux* comme leurs analogues français font leur féminin en *eusse : Amiteux, galeux, malhéreux, pouilleux* font *amiteusse, galeusse, malhéreusse, pouilleusse.*

199. Les adjectifs picards terminés en *eu* correspondant à leurs équivalents français terminés en *eur* font *oire* au féminin : *Boudeu, canteu, plaindeu, tégueu, vendeu* font *boudoire, cantoire, plaindoire, téguoire, vendoire.* Il est bon de remarquer que les adjectifs français terminés en *eur* perdent simplement leur *r* finale en picard ; il faut donc éviter de la remplacer par une *x* comme on le fait généralement à tort ; il faut écrire : *Boudeu, tégueu,* etc., et non *boudeur, tégueux ;* le pluriel se marque par une *s.*

200. Les adjectifs terminés par *u* font leur féminin en ajoutant *sse : Bochu, maladiu, pelu, tortu,* font *bochusse, maladiusse, pelusse, tortusse.*

201. Les adjectifs terminés par *x* font leur féminin par le changement de cette consonne en *sse : Feux, jaloux, roux* font *feusse, jalousse, rousse. Doux, viux* font *douche, vieile.*

202. Pour la formation du féminin dans les adjectifs qualificatifs, il y a de nombreuses exceptions aux règles qui précèdent, car la fantaisie règne souvent en maîtresse dans la grammaire picarde ; ainsi, *bleu, gentil, grand, meur, noir, sûr* font *bleusse, gentie, granne, meurte, noirte, surte.*

203. Le pluriel des adjectifs se forme en ajoutant une *s ;* les adjectifs terminés en *al* suivent cette règle : *des quemins royals ; des près communals.*

204. Il est bon de noter que les adjectifs sont généralement placés après le substantif ; il n'y a d'exception que pour les

adjectifs monosyllabiques et quelquefois pour les dissyllabiques.

205. Il est de règle absolue d'accentuer l'*e* muet de la finale des adjectifs du féminin pluriel lorsqu'ils précèdent le substantif qui commence par une consonne : *Des boinés pummes, des grannés fames, des bélés files, des quiotés bétes, des movaisés raisons.*

206. Si le substantif commence par une voyelle ou une *h* muette, on peut aussi accentuer l'*e* muet de l'adjectif qui le précède, mais on se borne plus généralement à faire sonner l's comme *z* sans faire parler l'*e* muet : *Des bélés actions* ou *des bél's actions ; des grann's amitiès ; des vieilés habitutes* ou *des vieil's habitutes.*

207. Lorsque deux adjectifs terminés par une muette se suivent et sont placés devant le nom, c'est tantôt le premier adjectif qui a sa finale accentuée, tantôt le second et quelquefois les deux : *Des bélés quiotés files, des béles quiotés files, des bélés quiotés files ;* souvent aussi, il arrive que ni l'une ni l'autre de ces finales n'est accentuée : *Des béles quiotes files.*

208. Il faut noter que, quand les adjectifs du masculin ou du féminin pluriel ne précèdent pas immédiatement le substantif, la marque du pluriel reste nulle pour la prononciation parce qu'elle ne se fait pas entendre sur la voyelle initiale du mot qui suit.

209. **II. ADJECTIFS DÉTERMINATIFS.** — Il y a quatre sortes d'adjectifs déterminatifs : les possessifs, les démonstratifs, les numéraux et les indéfinis.

210. 1° **Adjectifs possessifs.** — Ces adjectifs sont :

Pour le masc. sing. : *Men, ten, sen.*

Pour le fém. sing. : *Me, te, se.*

Pour le sing. des deux genres : *Men, ten, sen, nou, vou, leu.*

Pour le pl. des deux genres : *Mes, tes, ses, nous, vous, leus.*

211. Devant un mot commençant par une voyelle ou une *h* muette, l'e de *men, ten, sen* (min, tin, sin) s'élide et l'*n* s'unit à la première lettre du mot suivant : *M'n ouvrache, m'n ami, m'n homme, t'n ésieu, t'n intention, t'n honneur, s'n argent, s'n amitiè, s'n herpe*. Généralement, et surtout au début d'une phrase, ces adjectifs sont précédés d'un *e* de prosthèse : *Ém'n ouvrache, ét'n ésieu, és'n herpe*.

Men, ten, sen au lieu de *mon, ton, son*, et *me, te, se* au lieu de *ma, ta, sa* se trouvent dans les vieux textes ; c'est une caractéristique de l'ancien picard ; l'e s'élidait à la prononciation ; c'est un procédé arbitraire que d'écrire *min, tin, sin* ou *mein, tein, sein* ainsi qu'on le fait généralement, mais l'inexpérience de nos patoisants se révèle surtout quand ils écrivent : *Mn' ami, tn' ouvrache, sn' ésieu*.

Comme on vient de le voir, *men, ten, sen* sont employés pour les deux genres, mais, devant un nom féminin qui commence par une consonne, on fait usage de *me, te, se* : *Me voisinne, te sœur, se mére*.

212. Les adjectifs *me, te, se*, où l'*e* est toujours absolument muet, sont employés devant les noms du féminin singulier qui commencent par une consonne : *Me voisinne, te moison, se granche ;* quoique l'e reste complètement muet, il est superflu d'en pratiquer l'élision, ce que l'on fait trop généralement à tort ; cette licence ne peut être à peine tolérée qu'en poésie.

Au commencement d'une phrase, les adjectifs *me, te, se* demandent à être précédés d'un *é* de prosthèse. *Éme filleule al varo dimenche ; éte tante a' n'est pu malate ; ése vaque al o vélè par nuit*.

L'adjectif *me* est remplacé par *ma* au féminin, comme *men* est remplacé par *mon* au masculin, par celui qui parle de sa mère ou de son père, qu'ils soient morts ou vivants ; il en est de même lorsqu'il s'agit de tout autre proche parent : *Ma mére*, ou mieux *man mére*, *mon pére*, *ma sœur*, *mon frére*, *mon parrain*, *ma cousine* ; c'est une forme respectueuse qui n'est point usitée dans toute l'étendue du domaine picard.

213. *Nou*, *vou*, *leu* s'emploient pour le singulier des deux genres : *Nou gardin*, *nou ormoire* ; *vou cour*, *vou quero* ; *leu pére*, *leu file*.

Nou est remplacé devant le substantif *homme* par *notre* ou *men* dans les deux cas suivants : 1° lorsque l'on veut désigner quelqu'un dont on ne tient pas à prononcer le nom ou dont le nom a été précédemment énoncé : *Notre homme i n'est point venu* ; 2° lorsqu'on a en médiocre estime l'individu dont on parle : *Eue soin à ti, m'n homme*. Les locutions *notre homme*, *m'n homme* équivalent aux pronoms *celui-ci*, *celui-là*.

214. Les adjectifs possessifs du pluriel des deux genres *mes*, *tes*, *ses* sont les mêmes qu'en français, mais il faut remarquer que l'e s'élide toujours dans *mes* et quelquefois dans *tes* et *ses* dans une conversation rapide lorsqu'ils sont suivis d'un nom commençant par une voyelle : *M's amis*, *m's anfants*.

215. Comme en français, l's des adjectifs du pluriel des deux genres *nous*, *vous*, *leus* sonne sur la voyelle initiale du nom devant lequel ils sont placés.

216. Notons comme dernière remarque que l'adjectif possessif s'emploie d'une manière réfléchie et que l'on dit : *J'éme sut affolè à men pied ; l'os du mo à te téte ; i s'est démis sen bros.*

217. 2° **Adjectifs démonstratifs.** — Ils sont :

Pour le masc. sing. : *Che*, *chet*.

Pour le fém. sing. : *El* ou *éle*.

Pour le pl. des deux genres : *Ches*.

Ces adjectifs remplissent fort souvent le rôle d'articles.

· 218. L'adjectif *che* s'emploie devant un substantif qui commence par une consonne ; il est remplacé par *chet* lorsque l'initiale du substantif qui suit est une voyelle ou une *h* muette : *Donne du chuque à che quiout-là ; ch'est ch't homme qu'i demanne après ti ;* dans ce dernier cas, l'*e* s'élide.

Che s'emploie couramment dans les noms de profession : *Viens-tu, che boulenger ? quoi que tu fois che bourrier ? suis-mé, che tondier ; bois-tu toujours la goutte, éche garde ?*

Au commencement d'une phrase et parfois même dans le corps de la phrase, *che* est précédé d'un *é* de prosthèse : *Éche maricho, i n'o pu de fer ; bojour, éche cairon ; éche fiu de nou moite ; connois-tu éche grand-père qu'i passe ?*

Pour le féminin singulier, on fait emploi de l'article *le* ou *el* par renversement, ou *éle* avec un *é* de prosthèse. *Éle famelò, iou qu'al s'en vo ? El ouvrière-là a' n'est point d'ichi.* On reconnaît que *le* et *el* ne sont pas articles parce que les substantifs sont suivis de l'adverbe *là* ; en français, on dirait : Cette femme où va-t-elle ? Cette ouvrière n'est pas d'ici.

Devant les noms de profession, on emploie *el* ou *éle* au féminin : *Al s'en vo mon d'éle boulengére ; al érevient aveu le caironnesse ; éle mandiére al o raccommodé nous mannes.*

Comme en français, on dit au degré positif : *Che quiout, che grand, che grous, ches viux gens, ches joines files.* mais on dit encore au superlatif : *che pu riche, che pu malin, ches pu misérapes, ches pu menteus.*

219. 3° **Adjectifs numéraux.** — De même qu'en français, ils se divisent en *cardinaux* et en *ordinaux*.

220. Les adjectifs numéraux cardinaux expriment les nombres : *In, deux, trois, quate, cinq, six, sept. huit, neuf, dix, onsse, dousse, treisse, quator, quinsse, seisse,... vingt* (vinte) ;... *trente,... quarante,... chinguante,... chent.*

221. *In* est le seul adjectif numéral qui change au féminin ; il fait *enne* au commencement et dans le corps d'une phrase ; à la fin d'une proposition, il devient *unne*.

222. *Deux, trois, six, dix* unissent leur *x* ou leur *s* au mot suivant s'il commence par une voyelle ou une *h* muette ; cependant, il y a quelques exceptions ; on dit, en effet, sans faire sonner ces finales : *Troi ou quate, deu ou trois, si ou sept, di ou dousse.*

223. *Six* et *dix* se prononcent *sisse* et *disse* devant une consonne ; leur *x* sonne comme *z* devant une voyelle.

224. *Huit* se prononce *huite.*

225. *Neuf* change son *f* en *ve* devant un mot commençant par une voyelle ou une *h* muette.

226. *Vingt, trente, quarante, chinquante, soixante* suivis des adjectifs numéraux cardinaux *in, deux, trois, quate, cinq, six* ou *sept* changent leur *t* en *n* et se prononcent : *Vinne-deux, trenne-trois, quaranne-quate, chinquanne-cinq, soixanne-six.*

227. Quatre-vingts se prononce par renversement *quater-vingts.*

228. Le picard ne fait point usage de la disjonctive ; aussi emploie-t-on fréquemment en manière de doute ou d'approximation deux adjectifs numéraux successifs : *I n'o deux-trois ans qu'est arrivè ; i sont cinq-six anfants ; il o quéque part quator-quinze ans.*

229. Les adjectifs numéraux ordinaux marquent le rang ou l'ordre : *Prummier, deuxième,... cintième, chinquantième,... chentième.*

230. 3° **Adjectifs indéfinis.** — Ces adjectifs sont : *Auquin, certain, chaque, eute, mumme, quel, quéque, tel, tout.*

231. *Auquin* fait *aucunne* au féminin : *I n'o auquin défeut ;
j'èn'n ai aucunne idèe*. Au pluriel des deux genres, il est pronom et adjectif ; il signifie *quelques-uns* et peut se décomposer
ainsi : *auques-uns, auques-unnes*.

232. *Certain* fait *certainne* au féminin : *I foit lò in certain
tans qu'i n'est point cœud ; i vient de passer enne certainne
fame qu'a n'o point l'air épeutè*.

233. *Eute* correspond à autre.

234. *Mumme* se prononce à Démuin en nasalisant fortement, alors que, sur d'autres points du domaine picard, cet
adjectif se prononce et s'écrit comme en français.

235. *Quel* se prononce avec l'é fermé, *qué-l'* ; il sert à l'interrogation, au doute ou à l'exclamation ; il s'emploie au
masculin singulier devant un nom qui commence par une
voyelle ou une *h* muette : *Quel ape èque t'os abattu ? Quel
ami que t'os lò ? Quel homme bien parlant !* Devant un mot
commençant par une consonne, il perd son *l* et prend un
accent aigu sur l'é : *Qué pummier que t'os greffè? Quée boine
légumme !*

Au féminin singulier, *quel* fait *quéle* devant un mot qui
commence par une voyelle ou une *h* muette : *Quéle ame noire
qu'il o ! J'ène sais mie da quéle auberche qu'i dèchend. I n'èse
rappéle pu quéle histoire qu'i nous o racontèe*. Devant un mot
commençant par une consonne, il perd son *l* comme au masculin singulier, mais il conserve son *e* muet final : *Quée fame
amiteusse !*

Au pluriel, *quel* fait *qués* au masculin et *quées* au féminin :
*Qués hommes adroits ! Qués grous bouderlouts d'anfants !
Quées amitiès aveu leu voisin ! Sais-tu quées nouvèles qu'il
ont rechues ?*

236. *Quéque* s'emploie au singulier des deux genres : *Èche
cœup-lò il o 'tè foit par quéque malzand. Ch'est quéque bète*

qu'éro mengè vou roisin. Au pluriel des deux genres, on écrit *quéques* en faisant sonner l's sur la voyelle initiale du mot qui suit : *Dens quéques énèes. I n'avoit quéques aingnieux de trondelès. Il est arrivè quéques accidents. Il o priè quéques amis à se fête ;* devant *chose, quéque* fait *quéte : I n'o quéte cosse d'arrivè.*

237. *Tel,* qui se prononce *té-l',* s'emploie au masculin singulier devant un nom commençant par une voyelle ou une *h* muette ; il fait quelquefois *té* devant un substantif qui commence par une consonne : *I li o donnè un té cœup de puing qu'il l'o foit quére à tére.* Au masculin pluriel, il fait *tes* devant un mot qui commence par une voyelle ou une *h* muette : *Os-t-on jamais vu de tes anfants ?... de tes hommes ?* Il fait *téle* au féminin singulier et *téles* ou *télés* au féminin pluriel : *Iou que tu t'en vos aveu enne téle cairque ? O n'o jamais vu de téles aveines. A cœusse foire des télés raisons ?*

238. *Tout,* au singulier, s'emploie pour les deux genres : *Tout le monne, tout che villache, tout leu moisonnée, tout le ville.* Au pluriel des deux genres, il fait *tous* et l's finale sonne sur la voyelle initiale du mot qui suit : *Tous ches hommes, tous ches fames, tous ches berbis, ch'est tous aingnieux blancs.*

Il est à noter que *tout* substantif se prononce *toute.*

CHAPITRE IV

DU PRONOM

———

239. Comme le français, le picard possède six sortes de pronoms : les *personnels,* les *démonstratifs,* les *possessifs,* les *relatifs* ou *conjonctifs,* les *interrogatifs* et les *indéfinis.*

240. I. Pronoms personnels. — Ces pronoms sont, pour la première personne du singulier des deux genres : *Je, me, mi.*

241. En picard, l'*e* de *je* est toujours absolument muet. Au commencement d'une phrase, *je* prend souvent un *é* de prosthèse ; on dit : *Je céderai* ou *éje céderai ; je taperai* ou *éje taperai ;* mais, à l'intérieur d'une phrase, cet *é* de prosthèse s'ajoute toujours : *S'i feut partir, éje partirai ; si tu m'embêtes, éje té plante-lò ; depuis le tans qu'éje té connois ; i feut qu'éje té le diche.* Il est à remarquer que, dans la conversation, *éje* sonne *éche, qu'éje, qu'éche.*

Bien que placé au commencement d'une phrase, *e* de *je* peut être accentué s'il est suivi de *le, me, ne : Jé le dirai, jé me facherai, jé ne céderai point.* Il en est de même lorsque *je* est suivi de *li : Jé li ai donné.* Devant certains verbes à l'initiale forte ou sifflante, la chuintante *je* se change en *ch, ç* ou *s : Si je tape, si je savois, je serai lò* se prononcent : *Si ch' tape, si sçavoit, s' serai lò.*

242. Quand deux pronoms personnels se contractent entre eux, l'*e* du premier sonne comme un *é* fermé : *J'éle dirai* ou *jé le dirai ; tu m'éle feros vir* ou *tu mé le feros vir.* Si le verbe suivant commence par une voyelle, *l* est toujours fortement roulée : *Jé l'l amarrai* ou *j'él'l amarrai ; jé l'l entrinerai* ou *j'él'l entrinerai.*

Les graphies *jel, mel,* etc., que l'on trouve dans les anciens textes se prononçaient comme en français et non comme en picard moderne ; *jel donne* n'est autre chose que le moderne *je le donne* écrit plus phonétiquement. Mais, en picard moderne, il se produit un phénomène de nature toute différente : partout où il y a accumulation de consonnes, il faut insérer un *é* fermé ; *jldonne* répugne à l'esprit de la langue ; on dit donc *jéldonne* ; si l'on sépare les parties de cette phrase. il faudrait, à la rigueur, unir cet *é* à la deuxième partie : *j'éldonne ;* cet *é* est. pour ainsi dire. le point d'appui sur lequel reposent les deux consonnes *ld ;* si nous continuons à séparer, nous aurons *j'éle donne ;* c'est la seule orthographe justifiée par l'étymologie : mais on peut tolérer la graphie *jé le donne,* puisqu'elle ressemble plus au français : elle est donc plus facile à lire tout en gardant la prononciation correcte.

243. *Me* et *mi* sont pronoms régimes directs : le second n'est employé qu'après une préposition : *à. de, devant, par.* *Me* s'emploie après un verbe à l'impératif et doit être accentué dans la plupart des cas : *Disez-mé quoi qu'i n'o de nouvieu ; attendez-mé là.*

244. Les pronoms personnels de la seconde personne du singulier des deux genres sont : *Tu, te, ti.*

245. *Tu* ne s'emploie que dans les interrogations : *Menges-tu bien ? Iros-tu à le fête ?*

Devant une voyelle. *u* s'élide : *T'allois rite. t'aimes ten pére. t'os du mo à te panche, t'est in imbécile.*

Après un verbe à l'impératif, on emploie *te : Tire-te éde là qu'éje m'y mèche ; dépêche-te éde venir m'aidier.*

Placé devant une consonne *e* de *te* peut s'accentuer, mais il est préférable de l'élider et de faire précéder d'un *é* de pros-thèse la consonne du mot qui suit et d'écrire : *I s'en ro t'émener à vou moison ; éje t'édemannes quoi que tu viens foire ichi.*

246. Les pronoms personnels de la troisième personne du singulier sont : *I* ou *il* pour le masculin, *al* ou *a'* et *elle* pour le féminin. et *li, le, nen, se* et *y* pour les deux genres.

247. *I* s'emploie devant les consonnes : *I recaro cuire à meu four, i n'est point hère, i quèsoit à chaque pos.* Devant les voyelles, on emploie *il : Il iro ojord'hui. il aime boire in cœup, il o bien du malheur.*

248. *Al* s'emploie aussi bien devant une voyelle que devant une consonne : *Al iro, al honore la sainne Vierche, al varo, al éremue ;* mais son *l* s'élide toujours devant *me, ne, se* : *A' me sanne in molet malate, a' n'iro point à le fête, a' n'honore mie la sainne Vierche, a' ne varo point, a' s'éremue, a' se voit réduit à rien.*

249. *Elle* est rarement employé : *Èche capieu-là, ch'est à elle,* dit-on lorsqu'il s'agit d'une femme. *Quèche qu'o foit lelo ? — ch'étè elle,* répond-on en désignant une femme. Ce pronom s'emploie aussi quand il n'est pas suivi d'un verbe : *Elle a' n'édemanne point miux que d'aller vous vir.* Il s'emploie aussi dans quelques phrases interrogatives : *Vous sœurs varont-elles aveuc vous ?* Mais on dit : *Vous voisinnes i vous paieront-li ?*

250. *Li* est employé tantôt pour *lui,* tantôt pour *soi : Tout lelo est boin à dire enter li* (soi) *; i li hame in cœup de puing. Li,* régime indirect, devient *ne gny* devant le pronom *en : Os ne gny en donnerons des quiouts coutieux pou s'zé perde ; i ne gny en portero in bachon ;* mais, dans la conversation, on prononce plutôt : *Os ne gnen donnerons, i ne gnen portero.*

251. *Le,* placé devant un mot qui commence par une consonne, se prononce conformément aux règles générales de l'*e* muet, c'est-à-dire qu'il ne se fait pas entendre : *Tu vos le vir, os volons le donner ;* néanmoins, il arrive fort souvent que l'on dise par renversement : *Èche vent él'l emporte* pour *l'emporte ; i s'en vo él'l envaler* pour *l'envaler.* Ce pronom s'emploie pour les deux genres.

252. *Y* disparaît et se remplace par *n* ou *nen* dans les verbes impersonnels : *I n'o mie moyen de moyenner ; i nen o point ; i n'avoit trois pelès pi in tondu ; i nen avoit coire mon d'èche marchand.*

253. Les pronoms personnels du pluriel sont :

Nous et *os* pour la première personne ;

Vous et *os* pour la seconde personne ;

Il, *is*, *i*, *eux* pour la troisième personne.

254. *Nous* s'emploie après le verbe : *Éle voirons-nous, ten frère ? Ch'est à nous de juer ; tu viendras nous vir dimenche, nous, os irons le dimenche d'après.* *Os* s'emploie avant le verbe : *Os dirons chan qu'i s'est passè ; os poyons nous dettes.*

255. *Vous* s'emploie aussi après le verbe et dans les formules interrogatives et impératives : *Ch'été vous ches prummiers arrivès ; mengez-vous bien ? saquez-vous de lò, tos de veuriens ; quoi qu'i feraint sans vous ? Os* s'emploie devant le verbe : *Os ferons du flan pour dimenche ; os savez bien qu'est vrai ; os irons à che baptisiou d'èche quiout de mon frère.*

256. Il est à remarquer que, placés avant le verbe, les pronoms *nous*, *vous* et *os* unissent leur s finale à la voyelle initiale du mot qui suit ; mais, lorsque *nous* et *vous* sont placés après le verbe et unis à lui par un trait d'union, leur s ne sonne jamais : *Mettons-nous ‖ à canter ; arrengez-vous ‖ à vou idèe.*

257. Le pronom *os* sert pour la première et pour la seconde personne du pluriel, mais il n'en résulte aucune confusion, la terminaison du verbe désignant suffisamment la personne.

258. *Il* employé au pluriel des deux genres ne prend cette forme que devant une voyelle : *Il iront, il accourront.*

Is s'emploie devant *y* ou certaines voyelles sur lesquelles sonne toujours son s : *I feut qu'is y voiche-te.*

I est employé devant un mot qui commence par une consonne : *Quant i vodront venir, i seront bien rechus.*

259. Les pronoms régimes de la troisième personne du pluriel des deux genres sont : *Les, leu* ou *leus*.

260. Dans le pronom *les*, *e* est toujours muet ; devant une consonne, *les* se prononce *z'zé* ou *ez'zé* : *Tu les fois souffrir* s'articule : *Tu z'zé fois souffrir ; pour ez'zé foire venir ; vos-tu ez'zé reprène ?* Devant une voyelle ou une *h* muette, on prononce *z'z* : *Tu les aimes* s'énonce : *Tu z'z aimes.* Il faut observer que, dans ces deux cas, l'attraction de la sifflante *z* a fait supprimer la lettre *l* ; *l* devant *z* ne peut devenir que *z* ; il faut donc écrire *z'z* pour se conformer à la prononciation. Nous ferons remarquer que, dans certaines régions de la Picardie, *les* se prononce comme en français, et, sur d'autres points, on élide simplement *e* : *Os l's avons foil venir.*

261. *Leu* reste invariable devant une consonne : *Je leu porterai du boudin ;* devant une voyelle, il prend une *s* : *Éje leus ai porlè du boudin ;* dans ce dernier cas, *s* sonne sur la voyelle initiale du mot qui suit. *Leus* s'emploie au lieu de *se* dans les verbes pronominaux : *I leus seront battus ; i leus coffe-te au soleile ; i feut qu'i leus sove-te au pu vite.*

262. *Nous-eules, vous-eules, eux-eules, mi-mumme, ti-mumme, li-mumme, nous-mummes, vous-mummes, eux-mummes* sont des pronoms composés des deux genres.

263. *Se, en* ou *nen, jou, li, y* sont employés pour les deux genres et aux deux nombres.

264. Il est important de faire remarquer que le pronom sujet se répète, quoique le substantif soit exprimé précédemment : *Mi j'éme renvos à nou moison ; ti, tu dis des bétisses ; mon frére i revient ; nou quiéne al dort ; Jean i cante.* Dans les phrases interrogatives surtout, l'emploi du pronom avant le verbe constitue une tournure quelque peu bizarre : *I rechute-té-ti leu prêt tous les dimenches ? I voite-té-ti leu position ?*

265. Dans les verbes pronominaux, les pronoms régimes *me* et *te* sont toujours remplacés par le pronom *se* de la troisième personne dans les propositions relatives où *i* est le véritable sujet : *Ch'est mi qu'i se berlure ; ch'est ti qu'i se passera de diner.*

266. En français, il arrive qu'un pronom régime soit suivi immédiatement d'un régime indirect ; en picard, le pronom régime direct ne s'exprime jamais : *Warde éche pout, tu li rendros demain ; ches assiètes éque tu leus os emprétées, i forro leu reporter.* (Garde le pot, tu *le* lui rendras demain. Les assiettes que tu leur as empruntées, il faudra *les* leur reporter.)

267. La forme *jou*, qui n'est presque plus usitée, s'employait pour les deux genres dans les tournures interrogatives à toutes les personnes du singulier et du pluriel : *Éje li dirai-jou ? T'iros-jou ? I varo-jou ? Os le prendrons-jou ? Os le volez-jou ? I poieront-jou ?*

Jou est aujourd'hui remplacé par *ti* : *J'éle dirai-ti ?*

268. II. **Pronoms démonstratifs.** — Les pronoms démonstratifs sont :

Masc sing. : *Cheti, cheti-chi, cheti-lo* ou *cheti-lol, che, chan, chou, lelo* ou *ello, ha.*

Fém. sing. : *Chéle-chi, chéle-lol.*

Pl. des 2 genres : *Cheux, ches-t-lo, ches-t-lol.*

269. *Cheti* (celui) et ses dérivés prennent parfois un *é* de prosthèse.

270. *Che, chan* ou *cha, chou* sont les équivalents du français *ce : Prends che qué tu veux, laisse-mé chan qu'i n'éte plaît point ; trouves-tu chou que tu cherches ?* Au commencement d'une phrase, *che*, placé devant *est*, se remplace par une forte aspiration ; on dit, en effet : *Est vrai, est embétant,* pour *ch'est vrai, ch'est embétant ;* mais, en articulant *est*, les paysans font entendre une forte aspiration comme si

l'on devait écrire : *Ij'est vrai*, ce qui doit être d'ailleurs la véritable orthographe.

271. *Lelo* ou *ello* et *ha* sont les équivalents du français *cela* : *lou que tu mettros lelo ? I feut boire ello. Ha n'ème ro point d'aller à pied. Quant o rit de ti, ha t'embête.*

272. Les formes *cheti-lo*, *cheti-lol*, *chéle-lol* sont employées pour exprimer le mépris que l'on professe pour la personne ou la chose dont on parle.

273. *Cheux* s'emploie pour désigner l'ensemble d'une famille, d'une maison, d'un village, etc. : *Cheux d'éche tein-turier, cheux d'éche meulin, cheux d'éle rue Perdue, cheux d'Hangard.*

274. Les autres pronoms démonstratifs sont : *Le mumme, l'in l'eute, l'in-n'n-eute, nen.*

275. *Le mumme*, exprimé absolument, avec rapport avec un antécédent quelconque, est pronom démonstratif ; parlant d'un pantalon, par exemple, on dit : *J'ai acheté le mumme ;* si *le mumme* marque une idée de comparaison, il veut être suivi de la conjonction *que* : *Che n'est point le mumme patalon qu'écheti que j'ai acheté.* Ce pronom s'emploie aussi pour le féminin singulier : *Ch'est le mumme calipette qu'al avoit hier.* Au pluriel des deux genres, on dit *les mummes.*

276. *L'in l'eute* est une locution pronominale des deux genres et des deux nombres beaucoup moins souvent employée que *l'in-n'n-eute : Ches apes-lò il ont poussé da l'in-n'n-eute ; il ont mis tous ches mandelettes da l'in-n'n-eute.*

277. *Nen* est une particule qui signifie *en, de lui, d'elle,* lorsqu'il s'agit de personnes, et *de cela,* quand on parle de choses. *Je nen veux, je nen demanne,* sont affirmatifs ; ce pronom est très souvent défiguré. Devant un mot commen-

çant par une voyelle, l'*e* s'élide : *I n'n o vu de tous les couleurs ;
a' n'n étoit prête à braire.* Placé devant *y*, *nen* s'incorpore
cette lettre, ce qui donne lieu à une diphtongue fort origi-
nale : *Tu negny os dit tant et pus ; os negny ferons point de
compliments.*

Des orthographistes incompétents qui, tout à coup, sans
préparation, sans la moindre notion de la langue du moyen-
âge, se révèlent patoisants, écrivent cette particule de
réjouissantes façons : *O' nn o, ign o, 'nn aim' tu ;* ils remplacent l'*e* nasal par un *i* ou l'écrivent *nèn, nein ;* cependant,
on le trouve toujours sous la forme *nen* dans les vieux ma-
nuscrits.

278. III. **Pronoms possessifs.** — Ces pronoms sont :

Le miéne, le tiéne, le siéne, le note, le vote, le leute, pour
le singulier des deux genres ;

*Les miénes, les tiénes, les siénes, les notes, les votes, les
leutes,* pour le pluriel des deux genres.

Ces pronoms ne donnent lieu à aucune remarque particulière.

279. IV. **Pronoms relatifs.** — Le patois picard n'emploie
que deux pronoms relatifs : *Que* et *iou.*

280. Les pronoms relatifs français *qui, lequel, laquelle,
dont, duquel.* etc., ne sont point usités et n'ont pas d'équivalents ; c'est par la conjonction *que* qu'il est suppléé à ces
divers pronoms.

Ainsi, *qui* se remplace par une tournure dans laquelle *que*
est suivi d'un verbe au temps personnel déterminé par le sujet
de la phrase : *Mi qu'éje sut viux ; ti que t'est joine ; li qu'i
brait ; elle qu'al rit.* Il arrive souvent que, pour donner plus
de rapidité, on supprime le pronom personnel : *Vlo le fame*

qu'étoit da che train aveuc nous; ch'est cheti qu'o 'tè en prison. La meilleure preuve que *qui* n'existe point en picard, c'est qu'en tournant par le féminin, on obtient *qu'al* : *Ch'est cou guevo qu'i hennit, cou vaque qu'al gueule.*

Les pronoms français *lequel* et *laquelle* sont remplacés de la même manière : *Éche louchet que tu fouis aveu ; éche cabriolet que t'est venu dedens,* pour : la bêche avec laquelle tu laboures, le cabriolet dans lequel tu es venu.

A qui, auquel, à laquelle sont aussi remplacés par *que,* mais à la condition que le complément indirect précède le verbe : *Ch'est cheti que jé li ai vendu nou guevo ; vlò le fame qu'éje li fois la charitè tous les lindis.*

De qui, par qui, avec qui, de laquelle, sur laquelle, etc., sont également remplacés par *que ;* le verbe est suivi du pronom personnel qui sert de complément indirect : *Che laboureu que nou vaque al vient de li ; che marchand que j'ai 'tè refoit par li.*

Comme on le voit par ces exemples, la conjonction *que* remplit l'office du pronom relatif. *Que,* suivant un picardisant, revient à chaque instant dans les tournures des gens de la campagne : c'est le pivot sur lequel tout repose et tout marche.

281. Le second pronom relatif est *iou* ou plus exactement *iou que* : *Éle famile d'iou qu'i vient ; éche poys d'iou qu'il est.*

282. V. **Pronoms interrogatifs.** — Il y a trois pronoms interrogatifs, qui sont : *Quèche, quoi, lequèle.*

283. *Quèche* est une simplification de *qu'est-che,* et doit s'écrire en un seul mot parce qu'il a acquis droit de cité ; ce pronom demande presque toujours à être suivi du pronom

relatif *que* : *Quèche qu'i te palle ? Pour quèche qu'os travail-
lez ? Dis-mé in molet quèche éque ch'est cheti-lol ?* Très
souvent, pour donner plus de rapidité, *quèche* se réduit à *què* :
Què que ch'est qu'o foit lelo ? Què que ch'est chéle-lol ? Il est
très rare que *quèche* ne soit pas suivi de *que* : *Quèche lò ? A
quèche éle berbis-lò ? Pour quèche ten bien ?* Mais, dans ces
cas, *que* est sous-entendu : *Quèche qu'est lò ? A quèche éque
ch'est le berbis-lò ?...* Dans le corps de la phrase, on emploie
quèche en manière d'interrogation déguisée : *J'éne sais mie
quèche qu'i varo à nou fête ; j'éne sais wère quèche qu'i vodro
préne éle file-lò.*

284. *Quoi* demande à être suivi du pronom relatif *que* :
*Quoi que tu veux foire ? Dire et pi ne point dire, à quoi qu'ha
sert aveu in choquelet pareile ?*

285. *Le quéle*, au singulier des deux genres, fait *les quéles*
au pluriel des deux genres : *De ches deux capieux, j'éne sais
point le quéle préne ; de ches trois ropes-lò, tu ne sais mie
le quéle coisir, nou boin ?* Quand *le quéle* n'est pas construit
avec un infinitif comme dans les exemples précédents, on le
fait suivre de *que*, suivi lui-même d'un verbe : *Le quéle qu'i
feut abatte ? Le quéle qu'al varo de tes deux sœurs ? J'éne
sais mie le quéle qu'os irons queurre.*

286. VI. **Pronoms indéfinis.** — Les pronoms indéfinis
sont : *Chaquin, ches gens, o ou os, personne, quéqu'in, tertous.*

287. *Chaquin* ne s'emploie jamais au pluriel ; il fait au
féminin *chacunne*, d'un emploi peu fréquent. Anciennement,
on prononçait *caquin.*

288. *Ches gens* est une locution très fréquemment employée :
Il échouit ches gens ; i font arager ches gens ; ches gens i ne

font qu'éde parler d'elle ; al est de si boin cœur, qu'al donne tout à ches gens.

289. *O,* qui correspond au pronom français *on,* se place devant un mot qui commence par une consonne : *O foit comme o dit ; da che métier-lò, o s'éïcufe tempe, o se couche tard ; o travaile dur et longtans.* Devant une voyelle, *o* prend une *s* par raison d'euphonie parce que cette *s* sonne sur l'initiale voyelle du mot qui suit : *Os o bieu fôire quant la mort y est ; os iroit à vergoutte da che placul ; qu'os est bête quant os est seu !*

290. *Quéqu'in,* au masculin singulier, fait *quéques-ins* au masculin pluriel, *quéqu'unne* au féminin singulier et *quéques-unnes* au féminin pluriel.

291. *Tertous* se dit des personnes et des choses personnifiées ; il est des deux genres et se place après le verbe sans que son *s* s'unisse jamais à la voyelle initiale du mot suivant : *I sont arrivés tertous ensanne.*

CHAPITRE V.

DU VERBE

292. De même qu'en français, le verbe, dans le patois picard, est soumis à des règles de conjugaison dont les unes sont fixes et invariables, et les autres irrégulières.

Les verbes irréguliers sont-ils moins nombreux en picard qu'en français, ainsi qu'on l'a avancé ? C'est ce que je n'oserais point affirmer.

293. Il y a six paradigmes principaux, qui sont ceux des deux verbes auxiliaires *être* et *avoir,* et ceux des quatre conjugaisons, qui se distinguent par la finale du présent de leur infinitif : *er, ir, oir, re.*

294. — Conjugaison du verbe Être.

Indicatif présent

Je sut
T'est
Il est
Os sommes
Os êtes
I sont

Imparfait

J'étois
T'étois
Il étoit
Os étoimes
Os étoites
Il étaint

Passé indéfini

J'ai 'tè *ou* été
T'os 'tè
Il o 'tè
Os avons *ou* ons 'tè
Os avez 'tè
Il ont 'tè

Passé antérieur

J'ai ieu 'tè *ou* été
T'os ieu 'tè
Il o ieu 'tè
Os ons *ou* avons 'tè
Os avez 'tè
Il ont ieu 'tè

Plus-que-parfait

J'avois 'tè *ou* été
T'avois 'tè
Il avoit 'tè
Os avoimes 'tè
Os avoites 'tè
Il avaint 'tè

Plus-que-parfait antérieur

J'avois ieu 'tè
T'avois ieu 'tè
Il avoit ieu 'tè
Os avoimes ieu 'tè
Os avoites ieu 'tè
Il avaint ieu 'tè

Futur simple

Je serai
Tu seros
I sero
Os serons
Os serez
I seront

Futur antérieur

J'érai 'tè
T'éros 'tè
Il éro 'tè
Os érons 'tè
Os érez 'tè
Il éront 'tè

Conditionnel présent

Je serois
Tu serois
I seroit
Os seroimes
Os seroites
I seraint

Conditionnel passé

J'érois 'tè *ou* été
T'érois 'tè
Il éroit 'tè
Os éroimes 'tè
Os éroites 'tè
Il éraint 'tè

Impératif

Fuche
Fussions
Fussiez

Subjonctif présent

Qu'éje fuche
Que tu fuches
Qu'i fuche
Qu'os fussionches
Qu'os fussiéches
Qu'i fuche-te

Passé

Que j'euche 'tè *ou* été
Que t'euches 'tè
Qu'il euche 'tè
Qu'os eussionches 'tè
Qu'os eussiéches 'tè
Qu'il euche-te été

Plus-que-parfait

Que j'euche ieu 'tè
Que t'euches ieu 'tè
Qu'il euche ieu 'tè
Qu'os eussionches ieu 'tè
Qu'os eussiéches ieu 'tè
Qu'il euche-té ieu 'tè

Infinitif présent

Ête.

Infinitif passé

Avoir 'tè *ou* été.

Participe présent

Étant.

Participe passé

Été
Ayant 'tè *ou* été

OBSERVATIONS

295. **Indicatif présent.** — *1re et 2° pers. du sing.* Afin d'éviter l'emploi d'un *t* euphonique, il est préférable d'écrire : *Je sut, t'est* parce que le *t* sonne toujours sur la

voyelle initiale du mot qui suit. — *3ᵉ pers. du pl.* Le *t* de *sont* ne se fait pas entendre sur toutes les voyelles initiales des mots qui suivent.

296. **Imparfait.** — *1ʳᵉ pers. du sing.* La diphtongue *oi* a un son tout différent de celles de la 2ᵉ et de la 3ᵉ pers. du même temps ; elle a un son ouvert et se prononce comme si l'on écrivait : *J'éto-è.* — *2ᵉ et 3ᵉ pers. du sing.* La diphtongue *oi* a un son fermé et se prononce comme si l'on écrivait : *T'éto-é, il éto-é.* L's et le *t* des finales de ces deux personnes ne sonnent jamais sur la voyelle initiale du mot qui suit. — *1ʳᵉ et 2ᵉ pers. du pl.* La diphtongue *oi* de la 1ʳᵉ personne et celle de la seconde personne n'ont point le même son : *Os étoimes* se prononce : *Os éto-éme,* et *os étoite* se dit *os éto-ète* en passant rapidement sur l'*o*. Il est à remarquer que les personnes âgées surtout prononcent cette diphtongue *ou* : *Os étou-éme, os étou-ète.* L's finale ne sonne jamais. Je noterai une fois pour toutes que ces remarques pour les deux sons de la diphtongue *oi* s'appliquent aux deux verbes auxiliaires et à tous les verbes sans exception des quatre conjugaisons.

297. **Passé défini.** — Ce temps est inusité pour tous les verbes.

298. **Passé indéfini.** — Pour ce temps comme pour tous les temps composés, le premier *é* de *été* s'élide à toutes les personnes du singulier et du pluriel ; toutefois, cette aphérèse n'est pas d'un usage constant ; lorsque l'on parle lentement pour se faire bien comprendre, on prononce *été* en entier. L's, le *z* et le *t* des trois personnes du pluriel ne sonnent jamais sur la première lettre du participe *été* quand on ne pratique point l'aphérèse ; on prononce comme si l'on écrivait : *Os avon été, os avé été, il on été.*

299. **Passé antérieur.** — Ce temps n'existe pas dans le verbe avoir parce qu'on ne saurait dire : *J'ai ieu ieu.*

300. Plus-que-parfait. — *1re pers. du sing.* Comme pour l'imparfait, la diphtongue *oi* a un son ouvert. — *2e et 3e pers. du sing.* La diphtongue *oi* a un son fermé. — *1re pers. du pl.* La diphtongue *oi* a un son fermé. — *2e pers.* La diphtongue *oi* a un son ouvert. Il en est de même pour tous les verbes.

301. Plus-que-parfait antérieur. — Mêmes remarques que pour le temps qui précède. Le plus-que-parfait antérieur n'existe pas en français ; c'est un composé du plus-que-parfait et du passé antérieur ; il s'emploie lorsque, dans une narration, on veut indiquer une action qui eut lieu avant celle que l'on raconte.

302. Futur simple. — Suivant la règle générale de l'*e* muet, cette voyelle ne se fait jamais entendre dans le radical ; on prononce comme si l'on écrivait *srai*, *sros*, etc. De même, les lettres *s, z, t* des différentes personnes de ce temps ne doivent jamais sonner sur la voyelle initiale du mot suivant.

303. Futur antérieur. — Mêmes remarques.

304. Conditionnel présent. — Pour la différence de son de la diphtongue de la 1re personne du singulier et de la même diphtongue de la 2e et de la 3e personne, même remarque que pour l'imparfait et le plus-que-parfait.

305. Conditionnel passé. — Même remarque.

306. Imparfait du subjonctif. — Ce temps manque dans les verbes picards ; il est remplacé par le subjonctif présent.

307. — *Conjugaison du verbe* **Avoir**

Indicatif présent	*Imparfait*
J'ai	J'avois
T'os	T'avois
Il o	Il avoit
Os avons *ou* ons	Os avoimes
Os avez	Os avoites
Il ont	Il avaint

Passé indéfini

J'ai ieu
T'os ieu
Il o ieu
Os avons *ou* ons ieu
Os avez ieu
Il ont ieu

Passé antérieur

(Inusité)

Plus-que-parfait

J'avois ieu
T'avois ieu
Il avoit ieu
Os avoimes ieu
Os avoites ieu
Il avaint ieu

Plus-que-parfait antérieur

(Inusité)

Futur simple

J'érai
T'éros
Il éro
Os érons
Os érez
Il éront

Futur antérieur

J'érai ieu
T'éros ieu
Il éro ieu
Os érons ieu
Os érez ieu
Il éront ieu

Conditionnel présent

J'érois
T'érois
Il éroit
Os éroimes
Os éroites
Il éraint

Conditionnel passé

J'érois ieu
T'érois ieu
Il éroit ieu
Os éroimes ieu
Os éroites ieu
Il éraint ieu

Impératif

Euche *ou* eue
Eussions
Eussiez

Subjonctif présent

Que j'euchè
Que t'euches
Qu'il euche
Qu'os eussionches
Qu'os eussiéches
Qu'il euche-te

Subjonctif passé

Que j'euche ieu
Que t'euches ieu
Qu'il euche ieu
Qu'os eussionches ieu
Qu'os eussiéches ieu
Qu'il euche-té ieu

Plus-que-parfait	*Participe présent*
(Inusité)	Ayant
Infinitif présent	
Avoir	*Participe passé*
Infinitif passé	Ieu
Avoir ieu	Ayant ieu

308. **Observation générale.** — Les *s*, les *z* et les *t* des différentes personnes de tous les temps, simples ou composés, ne sonnent jamais sur les voyelles initiales du mot devant lequel ils sont placés.

309. — Première conjugaison en **er**
VERBE **CANTER**

Indicatif présent	*Passé antérieur*
Je cante	J'ai ieu cantè
Tu cantes	T'os ieu cantè
I cante	Il o ieu cantè
Os cantons	Os avons *ou* ons ieu cantè
Os cantez	Os avez ieu cantè
I cante-te	Il ont ieu cantè
Imparfait	*Plus-que-parfait*
Je cantois	J'avois cantè
Tu cantois	T'avois cantè
I cantoit	Il avoit cantè
Os cantoimes	Os avoimes cantè
Os cantoites	Os avoites cantè
I cantaint	Il avaint cantè
Passé indéfini	*Plus-que-parfait antérieur*
J'ai cantè	J'avois ieu cantè
T'os cantè	T'avois ieu cantè
Il o cantè	Il avoit ieu cantè
Os avons *ou* ons cantè	Os avoimes ieu cantè
Os avez cantè	Os avoites ieu cantè
Il ont cantè	Il avaint ieu cantè

Futur simple

Je canterai
Tu canteros
I cantero
Os canterons
Os canterez
I canteront

Futur passé

J'érai cantè
T'éros cantè
Il éro cantè
Os érons cantè
Os érez cantè
Il éront cantè

Futur antérieur

Jérai ieu cantè
T'éros ieu cantè
Il éro ieu cantè
Os érons ieu cantè
Os érez ieu cantè
Il éront ieu cantè

Conditionnel présent

Je canterois
Tu canterois
I canteroit
Os canteroimes
Os canteroites
I canteraint

Conditionnel passé

J'érois cantè
T'érois cantè
Il éroit cantè
Os éroimes cantè
Os éroites cantè
Il éraint cantè

Conditionnel antérieur

J'érois ieu cantè
T'érois ieu cantè
Il éroit ieu cantè
Os éroimes ieu cantè
Os éroites ieu cantè
Il éraint ieu cantè

Impératif

Cante
Cantons
Cantez

Subjonctif présent

Qu'éje cante
Que tu cantes
Qu'i cante
Qu'os cantonches
Qu'os cantéches
Qu'i cante-che

Subjonctif passé

Que j'euche cantè
Que t'euches cantè
Qu'il euche cantè
Qu'os eussionches cantè
Qu'os eussiéches cantè
Qu'il euche-té cantè

Plus-que-parfait

Que j'euche ieu cantè
Que t'euches ieu cantè
Qu'il euché ieu cantè
Qu'os eussionches ieu cantè
Qu'os eussiéches ieu cantè
Qu'il euche-té ieu cantè

Infinitif	*Participe présent*
Canter	Cantant
Passé	*Participe passé*
	Cantè
Avoir cantè	Ayant cantè

OBSERVATIONS

310. Indicatif présent. — *1re pers. du sing.* L'e muet ne sonne jamais. — *3e pers.* L'e muet est nul. — *1re pers. du pl.* L's de *cantons* ne sonne pas sur la voyelle initiale qui suit. — *2e pers.* Le *z* ne sert qu'à fermer l'*e*, et ne se fait jamais entendre. — *3e pers.* La finale *nt* dérouterait la prononciation, aussi doit-on supprimer ces deux lettres, mais, pour rendre exactement la prononciation, on ajoutera -*te* devant une voyelle : *I cante-te enne canchon*, et -*té* devant une consonne : *I cante-té des canchons*.

311. Subjonctif présent. — *1re et 2e pers. du sing.* On remarquera la forme particulière de leur finale. — *3e pers.* Devant une consonne, l'*e* final doit être accentué : *I feut qu'i cante-té tertous*.

312. Infinitif présent. — Comme pour les verbes français de cette conjugaison, l'*r* est muette.

VERBES IRRÉGULIERS

313. *Aller*, que l'on prononce et que l'on peut écrire *aler* est un verbe irrégulier à radical multiple.

Indicatif présent	*Imparfait*
	J'allois...
Je vos	*Futur simple*
Tu vos	J'irai
I vo	T'iros
Os allons	Il iro
Os allez	Os irons
I vont	Os irez
	Il iront

Conditionnel présent	*Subjonctif présent*
J'irois	Qu'éje voiche
T'irois	Que tu voiches
Il iroit	Qu'i voiche
Os iroimes	Qu'os allonches
Os iroites	Qu'os alléches
Il iraint	Qu'i voiche-te.

314. *Mener ;* le premier *e* de ce verbe est muet ; ce verbe se conjugue en partie sur cette forme et en partie sur une vieille forme *mainer.*

Indicatif présent	*Futur simple*
Je mène...	J'émenerai
Os menons...	Tu meneros
Imparfait	I menero
	Os menerons
Je menois...	Os menerez
	I meneront

Il est à remarquer que les *e* sont absolument muets : *M'nons, m'nois, m'n'rai, m'n'ros.*

Autre forme	*Autre forme*
Je marai	J'émenerois...
Tu maros	*Subjonctif présent*
I maro	
Os marons	Qu'éje mèneche
Os marez	Que tu mèncches
I maront	Qu'i mèneche
Conditionnel présent	Qu'os menonches
	Qu'os menéches
Je marois...	Qu'i mèneche-te

315. Dans les verbes en *uer,* comme *juer, puer, ruer, suer, tuer,* etc., le présent du subjonctif fait, par exemple :

Qu'éje juche	Qu'os jouonches
Que tu juches	Qu'os juéches
Qu'i juche	Qu'i juche-te.

316. Les verbes en *ailler, ayer, eyer, oyer*, forment leur futur et leur conditionnel par contraction en *arai, arois, airai, airois, érai, érois, oirai, oirois.*

Bailler : *Je barai, je barois.*

Déblayer, renayer : *Je déblairai, j'érenairois.*

Ployer, soyer : *Je ploirai, je soierois.*

317. Les verbes en *éguer, équer* changent l'*é* fermé du radical en *è* ouvert devant les finales muettes :

Béguer : *I bèque, al bèque.*

Téguer : *I tèque.*

Léquer : *Tu lèques*

Péquer : *Je pèque.*

Il est à remarquer que, pour les verbes en *guer*, le *g* se remplace par *q* devant une muette.

318. Dans les verbes en *eler, eter*, l'*e* se change en *é* fermé devant une syllabe muette : *J'appatéle, tu berdèles, i canchéle, j'engavéle, tu dépiètes, i jète.* Il en est de même au futur simple et au conditionnel : *J'engélerai, t'appéleros, i grumélerois.*

Acheter fait : *J'agéte, t'agétes, il agéte, os achetons, os achetez, il ayéte ; — j'acheterai, t'acheteros, il achetero* (ach't'ro) ; *—j'acheterois, t'acheterois, il acheteroit* (ach't'roit); *— éque j'agéte, éque t'agétes, qu'il ayéte, qu'os achetonches, qu'os achetéches, qu'il agéche-te.*

Cacheter fait : *Je cachete* (cach't'), *tu cachete, i cachete, os cachetons, os cachetez, i cachete ; — éje cacheterai* (cach't'rai), *tu cacheteros ; — éje cacheterois, os cacheteroimes ; — qu'éje cachete* (cach't'), *éque tu cachete, qu'i cachete, qu'os cachetonches, qu'os cachetéches, qu'i cache-te.*

Étiqueter fait : *J'étiquete* (étiqu't'), *t'étiqueteros, il étiqueroit, éque j'étiquete.*

Lever et ses dérivés *alever, élever, rélever* et *soulever* font *j'éïeufe, t'aïeufes, il éïeufe, éje réïeufe, tu souïeufes ;* — *j'éleverai, t'éleveros, il élevero* (él'vr'o), *j'alevrois, t'éleverois, i réleveroit, éje souleverois ;* — *qu'éje ieufe, éque tu ieufes, qu'i ieufe, qu'os levouches.*

Widier et ses composés perdent leur *i* devant une muette :

Déwidier : Je déwite, je déwidiois.

Éwidier : Tu t'éwites, tu t'éwidiois.

Surwidier : I surwite, i surwidioit.

Widier : Je wite, je widiois.

319. Il en est de même, d'ailleurs, pour tous les verbes en *ier,* comme *broissier, laissier, pissier, poissier, prisier, ratisier,* etc.

320. Quelques verbes en *imer* doublent leur *m* devant une muette, excepté au futur et au conditionnel : Abimer, *j'abimme (j'abin-me) ;* envrimer, *il envrimme (il envrin-me).*

321. Les verbes en *igner* perdent leur *g,* qu'ils remplacent par *n* aux personnes muettes du présent de l'indicatif et du subjonctif présent : Grigner, *i grin-ne ;* rensigner, *al rensinne ;* tortigner, *tu tortinnes ;* wigner, *i winne.*

322. Les verbes en *iner* doublent leur *n* aux personnes muettes du présent de l'indicatif et du subjonctif : Adeviner, *j'adevinne ;* bachiner, *tu bachinnes ;* dérachiner, *i dérachinne ;* gardiner, *qu'éje gardinne ;* hochiner, *que tu hochinnes ;* rafiner, *qu'i rafinne ;* rechiner, *j'érechinne ;* triner, *que tu trinnes.*

323. Les verbes en *bler, cler, gler, pler* prennent un *é* d'épenthèse devant les finales muettes de l'indicatif, du futur, du conditionnel et du subjonctif :

Doubler : *Je doubéle, je doubélerai.*

Chercler : *Je cherquélerois, qu'éje cherquéle.*

Jengler : *Tu jenguèles, tu jenguéleros.*

Peupler : *I peupéleroit, qu'i peupèle.*

324. Les verbes en *fler*, comme *roufler*, *souffler*, font de même au futur et au conditionnel seulement : *Je roufélerai*, *tu soufflerois* ; pour ce dernier, on dit de préférence : *tu soufférerois*.

325. Dans les verbes en *brer*, *trer*, *vrer*, il y a métathèse dans leur radical *re* à toutes les personnes du futur et du conditionnel : *Tu le démemberros ; os enterrons ; il le déliverroit ; os le déliverroime*.

Deuxième conjugaison en ir

326. — VERBE **FINIR**

Indicatif présent

Je finis
Tu finis
I finit
Os finissons
Os finissez
I finite

Imparfait

Je finissois
Tu finissois
I finissoit
Os finissoimes
Os finissoites
I finissaint

Passé indéfini

J'ai fini...

Passé anterieur

J'ai ieu fini...

Plus-que-parfait

J'avois fini...

Plus-que-parfait antérieur

J'avois ieu fini...

Futur simple

Je finirai...
Tu finiros
I finiro
Os finirons
Os finirez
I finiront

Futur passé

J'érai fini...

Futur antérieur

J'érai ieu fini...

Conditionnel présent

Je finirois
Tu finirois
I finiroit
Os finiroimes
Os finiroites
I finiraint

Conditionnel passé	*Subjonctif passé*
J'érois fini...	Que j'euche fini...

Conditionnel antérieur	*Subjonctif passé antérieur*
J'érois ieu fini...	Que j'euche ieu fini...

Impératif	*Infinitif présent*
Finis	Finir
Finissons	*Passé*
Finissez	Avoir fini
Subjonctif présent	*Participe présent*
Qu'éje finiche	Finissant
Que tu finiches	En finissant
Qu'i finiche	*Participe passé*
Qu'os finissonches	Fini
Qu'os finisséches	Finite
Qu'i finiche-te	

327. Remarques. — Les *s* et les *t* en finale ne se font jamais entendre dans la prononciation.

L'*e* muet du *te* de la 3ᵉ personne du pluriel du présent de l'indicatif et du subjonctif présent s'accentue devant une consonne : *I finite-té par obéir ; i feut qu'i finiche-té leu ouvrache édevant dîner.*

VERBES IRRÉGULIERS

328. *Partir, sentir, sortir, vétir* se conjuguent sur la première conjugaison aux trois personnes du singulier du présent de l'indicatif et du subjonctif présent.

Je parte	Je seute	Je sorte	Je véte
Tu partes	Tu seutes	Tu sortes	Tu vétes
I parte	I seute	I sorte	I véte
Qu'éje parte	Qu'éje seute	Qu'éje sorte	Qu'éje véte
Que tu partes	Que tu seutes	Que tu sortes	Que tu vétes
Qu'i parte	Qu'i seute	Qu'i sorte	Qu'i véte

329. Les verbes *boulir*, *dormir*, *mentir*, *sentir* et ses dérivés, *servir* abrègent la dernière consonne de leur radical aux trois personnes du singulier et à la troisième personne du pluriel de l'indicatif et du subjonctif.

Je bous	Qu'éje bouche
Tu bous	Que tu bouches
I bout	Qu'i bouche
Os boulons	Qu'os boulonches
Os boulez	Qu'os bouléches
I boute	Qu'i bouche-te

Les participes passés des verbes *boulir* et *sentir* sont *boulu* et *sentu*.

330. *Tenir*, *venir* et leurs dérivés appartiennent seulement par leur infinitif à la seconde conjugaison.

Indicatif présent	
Je tiens	
Tu tiens	*(Autre forme)*
I tient	
Os tenous	Je tarai
Os tenez	Tu taros
I tiente	I taro
	Os tarons
Imparfait	Os tarez
Je tenois...	I taront
Passé indéfini	
J'ai tenu...	*Conditionnel présent*
Futur simple	
Je tiendrai	Je tiendrois
Tu tiendros	Tu tiendrois
I tiendro	I tiendroit
Os tiendrons	Os tiendroimes
Os tiendrez	Os tiendroites
I tiendront	I tiendraint

(Autre forme)	Subjonctif présent
Je tarois	Qu'éje tienche
Tu tarois	Que tu tienches
I taroit	Qu'i tienche
Os taroimes	Qu'os tenonches
Os taroites	Qu'os tenéches
I taraint	Qu'i tienche-te

Subjonctif passé

Que j'euche tenu...

331. Comme *tenir*, *venir* a deux formes au futur et au conditionnel :

Futur simple	Conditionnel présent
Je viendrai	Je viendrois
Tu viendros	Tu viendrois
I viendro	I viendroit
Os viendrons	Os viendroimes
Os viendrez	Os viendroites
I viendront	I viendraint

(Autre forme)	(Autre forme
Je varai	Je varois
Tu varos	Tu varois
I varo	I varoit
Os varons	Os varoimes
Os varez	Os varoites
I varont	I varaint.

Souvenir et *soutenir* ont aussi deux formes aux mêmes temps.

332. Le verbe *moirir* (mourir) change, comme en français, son radical *oi* en *eu* aux trois personnes du singulier et à la troisième personne du pluriel du présent de l'indicatif et du subjonctif présent et à la seconde personne du singulier de l'impératif : *Je meurs, qu'i meurche, meurs.* Aux autres temps simples, l'*i* disparaît : *Je morrai, os morrez, i morraint.*

333. *Vir* est de la seconde conjugaison par son infinitif

mais tous les autres temps se conjuguent sur rendre : *Je vois,
tu voiros, i voiroit, qu'os voyonches, vu, ayant vu.* Plusieurs
picardisants écrivent *vire.*

TROISIÈME CONJUGAISON EN oir
334. — VERBE RECHUVOIR

Indicatif présent
J'érechus
Tu rechus
I rechut
Os rechuvons
Os rechuvez
Il rechute

Imparfait
J'érechuvois
Tu rechuvois
I rechuvoit
Os rechuvoimes
Os rechuvoites
I rechuvaint

Passé indéfini
J'ai rechu...

Passé antérieur
J'ai ieu rechu...

Plus-que-parfait
J'avois rechu

Plus-que-parfait antérieur
J'avois ieu rechu...

Futur simple
J'érechuvrai
Tu rechuvros
I rechuvro
Os rechuvrons
Os rechuvrez
I rechuvront

(Autre forme)
J'érechuvarai
Tu rechuvaros
I rechuvaro
Os rechuvarons
Os rechuvarez
I rechuvaront

Futur passé
J'érai rechu...

Conditionnel présent
J'érechuvrois
Tu rechuvrois
I rechuvroit
Os rechuvroimes
Os rechuvroites
I rechuvraint

(Autre forme)
J'érechuvarois
Tu rechuvarois
I rechuvaroit
Os rechuvaroimes
Os rechuvaroites
I rechuvaraint

Conditionnel passé
J'érois rechu...

Impératif
Rechus
Rechuvons
Rechuvez

Subjonctif présent

Que j'érechuche
Que tu rechuches
Qu'i rechuche
Qu'os rechuvonches
Qu'os rechuvéches
Qu'i rechuche-te

Subjonctif passé

Que j'euche érechu...

Subjonctif antérieur

Que j'euche ieu rechu...

Infinitif présent

Rechuvoir

Infinitif passé

Avoir érechu

Participe présent

Rechuvant

Participe passé

Rechu
Ayant rechu

335. **Remarques.** — Dans les temps composés, le participe qui suit l'auxiliaire doit être précédé d'un *é* de prosthèse : *Que j'euche érechu.* Il en est de même quand le participe *rechu* vient immédiatement après une finale sonore : *Avoir érechu.*

VERBES IRRÉGULIERS

336. La conjugaison du verbe *savoir* a beaucoup de rapports avec le verbe *avoir ;* toutefois, il y a quelques différences.

Indicatif présent

Je sais
Tu sais
I sait
Os savons
Os savez
I saite

Imparfait

Je savois
Tu savois
I savoit
Os savoimes
Os savoites
I savaint

Passé indéfini

J'ai seu...

Plus-que-parfait

J'avois seu...

Futur simple

Je sérai
Tu séros
I séro
Os sérons
Os sérez
I séront

Futur antérieur

J'érai seu...

Conditionnel présent

Je sérois
Tu sérois
I séroit
Os séroimes
Os séroites
I séraint

Conditionnel passé

J'érois seu...

Impératif

Seuche
Seuchons
Seuchez

Subjonctif présent

Qu'éje seuche
Que tu seuches
Qu'i seuche
Qu'os seussionches
Qu'os seussiéches
Qu'i seuche-te

Subjonctif passé

Que j'euche seu

Infinitif présent

Savoir

Infinitif passé

Seu, avoir seu

Participe présent

Savant

Participe passé

Seu

337. — **POVOIR** (Pouvoir)

Indicatif présent

Je peux
Tu peux
I peut
Os povons
Os povez
I peute

Imparfait

Je povois
Tu povois
I povoit
Os povoimes
Os povoites
I povaint

Futur simple

Je porai...

Conditionnel présent

Je porois...

Subjonctif présent

Qu'éje peuche
Que tu peuches
Qu'i peuche
Qu'os povonches
Qu'os povéches
Qu'i peuche-te

Infinitif présent

Povoir

Participe présent

Povant

Participe passé

Peu

Ayant peu

338. — **VOLOIR** (Vouloir)

Indicatif présent

Je veux
Tu veux
I veut
Os volons
Os volez
I veute

Imparfait

Je volois...

Passé indéfini

J'ai volu...

Futur simple

Je vodrai
Tu vodros
I vodro
Os vodrons
Os vodrez
I vodront

(Seconde forme)

Je vorai
Tu voros
I voro
Os vorons
Os vorez
I voront

Conditionnel présent

Je vodrois
Tu vodrois
I vodroit
Os vodroimes
Os vodroites
I vodraint

(Seconde forme)

Je vorois
Tu vorois
I voroit
Os voroimes
Os voroites
I voraint

Subjonctif présent

Qu'éje veuche
Que tu veuches
Qu'i veuche
Qu'os volonches
Qu'os voléches
Qu'i veuche-te

Infinitif présent

Voloir

Participe présent

Volant

Participe passé

Volu
Ayant volu

339. — DEVOIR

Indicatif présent

Je dois
Tu dois
I doit
Os devons
Os devez
I doite

Imparfait

J'édevois...

Futur simple

J'édevrai...

Conditionnel présent

J'édevrois...

Subjonctif présent

Qu'éje doiche
Que tu doiches
Qu'i doiche
Qu'os devonches
Qu'os devéches
Qu'i doiche-te

340. Par son infinitif, *osoir* (oser) est de la troisième conjugaison, mais ses autres modes personnels se conjuguent dans tous leurs temps sur la première conjugaison : *J'ose, j'osois, j'oserai, j'oserois, que j'euche osè,* etc.

QUATRIÈME CONJUGAISON EN **re**

341. — VERBE **RÉNE** (Rendre)

Indicatif présent

Je rends
Tu rends
I rend
Os rendons
Os rendez
I rende

Imparfait

Je rendois
Tu rendois
I rendoit
Os rendoimes
Os rendoites
I rendaint

Passé indéfini

J'ai rendu...

Plus-que-parfait

J'avois rendu...

Futur simple

Je rendrai
Tu rendros
I rendro
Os rendrons
Os rendrez
I rendront

Conditionnel présent

Je rendrois
Tu rendrois
I rendroit
Os rendroimes
Os rendroites
I rendraint

Impératif

Rends
Rendons
Rendez

Subjonctif présent

Qu'éje renche
Que tu renches
Qu'i renche
Qu'os rendonches
Qu'os rendéches
Qu'i renche-te

Subjonctif passé

Que j'euche rendu...

Plus-que-parfait

Que j'euche ieu rendu...

Infinitif présent

Réne

Infinitif passé

Avoir rendu

Participe présent

Rendant

Participe passé

Rendu
Rendue

342. **Nota.** — L'infinitif de ce verbe ne se prononce jamais *rendre* ni *rende* en patois de Démuin, mais *réne ;* il en est de même, d'ailleurs, pour presque tous les verbes de cette conjugaison ; le *d* et l'*r* de la finale tombent, tandis que, dans d'autres régions du domaine picard, le *d* seul subsiste.

343. Les verbes fondre, pondre, répandre, répondre, atteindre, aveindre, peindre, plaindre, teindre, etc., se prononcent et s'écrivent : *Fonne, ponne, répanne, réponne,*

atteinne, aveinne, peinne, plainne, teinne, en remplaçant *dr* par une seconde *n*.

VERBES IRRÉGULIERS

344. *Quére* (et non *queir*) et *vir*, dont l'infinitif appartient à la seconde conjugaison, se conjuguent sur le verbe modèle de la quatrième conjugaison.

Indicatif présent

Je qués
Tu qués
I quet
Os quésons
Os quésez
I quéte

Imparfait

Je quésois
Tu quésois
I quésoit
Os quésoimes
Os quésoites
I quésaint

Passé indéfini

Je sut queut...

Futur simple

Je quérai
Tu quéros
I quéro
Os quérons
Os quérez
I quéront

Conditionnel présent

Je quérois
Tu quérois
I quéroit
Os quéroimes
Os quéroites
I quéraint

Impératif

Qués
Quésons
Quésez

Subjonctif présent

Qu'éje quéche
Que tu quéches
Qu'i quéche
Qu'os quésonches
Qu'os quéséches
Qu'i quéche-te

Infinitif présent

Quére

Infinitif passé

Éte queut

Participe présent	*Participe passé*
Quésant	Queut, queute
	Queuts, queutes.

345. Le radical du verbe *foire* (faire) est à formes variables.

Indicatif présent	*Passé indéfini*
Je fois	J'ai foit...
Tu fois	
I foit	*Futur simple*
Os foisons *ou* besons	Je feroi
Os foisez » besez	Tu feros
I font	I fero
Imparfait	Os ferons
Je foisois *ou* besois	Os ferez
Tu foisois » besois	I feront
I foisoit » besoit	
Os foisoimes » besoimes	
Os foisoites » besoites	
I foisaint » besaint	

Conditionnel présent

Je foisois	*ou*	faisois	*ou*	besois
Tu foisois	»	faisois	»	besois
I foisoit	»	faisoit	»	besoit
Os foisoimes		faisoimes		besoimes
Os foisoites	»	faisoites		besoites
I foisaint	»	faisaint		besaint

Impératif

Fois

Foisons *ou* besons

Foites *ou* foisez *ou* besez

Subjonctif présent

Qu'éje foiche
Que tu foiches
Qu'i foiche
Qu'os foisonches *ou* faisonches *ou* besonches
Qu'os foiséches   » faiséches   » beséches
Qu'i foiche-te

346. *Ecrire* et *suire* (suivre) sont irréguliers.

Indicatif présent

J'écris...	Je suis...
Os écrivons	Os suivons
Os écrivez	Os suivez
Il écrite	I suite

Imparfait

J'écrivois...	Je suivois...
Os écrivoimes...	Os suivoimes...

Futur simple

J'écrirai *ou* j'écrivrai...	Je suirai *ou* suivrai...
Os écrirons » écrivrons...	Os suirons » suivrons...

Conditionnel présent

J'écrirois *ou* écrivrois...	Je suirois *ou* suivrois...
Os écrivroimes » écrivroimes...	Os suiroimes » suivroimes...

Subjonctif présent

Que j'écriche...	Qu'éje suiche...
Qu'os écrivonches...	Qu'os suivonches...

Participe passé

Ecrit (invar.)	Sui *ou* suit (invar.)

347. *Connoite* (connaître) et *paroite* (paraître) font aux principaux temps :

Indicatif présent

Je connois...	Je parois...
Os connaissons...	Os paroissons...

Imparfait

Je connaissois...	Je paraissois...
Os connaissoimes...	Os paraissoimes...

(Autre forme) :

Je connoissois...	Je paroissois...
Os connoissoimes...	Os paroissoimes...

Futur simple

Je connaîtrai *ou* connaisserai... Je paraîtrai *ou* paraisserai...
Os connaîtrons » connaisserons.. Os paraîtrons » paraisserons..

348. *Boire* se conjugue sur *recevoir* et sur *rendre*.

Indicatif présent

Je bois
Tu bois
I boit
Os buvons
Os buvez
I boite

Futur simple

Je boirai *ou* buvrai
Tu boiros » buvros
I boiro » buvro
Os boirons » buvrons
Os boirez » buvrez
I boiront » buvront

Imparfait

Je buvois
Tu buyois
I buvoit
Os buvoimes
Os buvoites
I buvaint

Conditionnel présent

Je boirois
Tu boirois
I boiroit
Os boiroimes
Os boiroites
I boiraint

(Seconde forme)	Subjonctif présent
Je buvrois	Qu'éje boiche
Tu buvrois	Que tu boiches
I buvroit	Qu'i boiche
Os buvroimes	Qu'os buvonches
Os buvroites	Qu'os buvéches
I buvraint	Qu'i boiche-te

349. *Mœurre* (moudre) et *ramœurre* (émoudre) se conjuguent sur recevoir et sur rendre ; *ramœurre* fait quelquefois *ramœuler* à l'infinitif présent.

Indicatif présent

Je mœus	Je ramœus
Tu mœus	Tu ramœus
I mœut	I ramœut
Os mœulons	Os ramœulons
Os mœulez	Os ramœulez
I mœute	I ramœute

Imparfait

Je mœulois....	Je ramœulois...
Os mœuloimes...	Os ramœuloimes...

Futur simple

Je mœulerai...	Je ramœulerai...
Os mœulerons...	Os ramœulerons...

Conditionnel présent

Je mœulerois...	Je ramœulerois...
Os mœuleroimes...	Os ramœuleroimes...

Subjonctif présent

Qu'éje mœuche...	Quéje ramœuche...
Qu'os mœulonches...	Qu'os ramœulonches...

Participe passé

Mœulu	Ramœulu

350. Nota. — A toutes les personnes du futur simple et du conditionnel présent, *le* du radical de ces deux verbes s'apocope très souvent dans la prononciation : *Je mœurai, je ramœurai, tu mœurois, i rameuraint.*

351. L'infinitif du verbe *cœude* et de ses dérivés *décœude* et *recœude* ne laisse jamais entendre l'*r* à la prononciation ; on doit donc supprimer cette lettre à l'écriture. Le *d* de ce verbe a la valeur de *t*, et le *c* a le même son que celui de *cœute* (coude), ressemblant à *tq*, qu'il est, du reste, impossible de représenter par l'écriture ; il serait préférable d'écrire *queude*.

Indicatif présent	*Futur simple*
Je cœuds...	Je cœudrai...
Os cœudons...	Os cœudrons...
Imparfait	*Conditionnel présent*
Je cœudois...	Je cœudrois...
Os cœudoimes...	Os cœudroimes...
Passé indéfini	*Subjonctif présent*
J'ai cœudu...	Qu'éje cœuche...
Os ons cœudu...	Qu'os cœudonches...

Les verbes défectifs *queurre* et *requeurre* (chercher et re-chercher) ne s'emploient qu'à l'infinitif.

352. — PLAINDRE, PEINDRE et JOINDRE

Indicatif présent

Je plains	Je peins	Je joins
Tu plains	Tu peins	Tu joins
I plaint	I peint	I joint
Os plaindons	Os peingnons	Os joindons
Os plaindez	Os peingnez	Os joindez
I plain-te	I pein-te	I join-te

Imparfait

Je plaindois....	Je peindois...	Je joindois...
Os plaindoimes...	Os peindoimes...	Os joindoimes...

Futur simple

Je plaindrai...	Je peindrai...	Je joindrai...
Os plaindrons...	Os peindrons...	Os joindrons...

Conditionnel présent

Je plaindrois...	Je peindrois...	Je joindrois...
Os plaindroimes...	Os peindroimes...	Os joindroimes...

Subjonctif présent

Qu'éje plainche...	Qu'éje peinche...	Qu'éje joinche..,
Qu'os plaindonches...	Qu'os peindonches...	Qu'os joindonches

Participe passé

Plaint	Peint	Joint

353. Nota. — Au futur simple et au conditionnel présent, ces verbes font quelquefois : *Je plaingnerai, os plaingnerons ; je plaingnerois, os plaingneroimes ; — je peingnerai, os peingnerons ; je peingnerois, os peingneroimes ; — je joingnerai, os joingnerons ; je joingnerois, os joingneroimes.*

CHAPITRE VI

DU PARTICIPE

354. Comme en français, il y a deux participes en picard : le participe présent et le participe passé.

Le premier n'est guère employé qu'avec la préposition *en : En mangeant comme i menche, i sero bientout gros ; ches quiouts-lò, en juant toujours, i n'apparont jamois rien.* Il est fort rare que le participe présent soit employé isolément.

355. Le participe passé est invariable de sa nature ; cependant, il s'accorde quelquefois avec le sujet ou le régime quand il est terminé par *é*, *i* ou *u* : *Éle quemisse éque t'os achetèe, a' n'étoit qu'en mitan finite pusqu'a' n'étoit point queudue à foit.*

Toutefois, on écrit : *Ch'est le fame qu'al est queute du heut en bos d'éche rillon.*

On écrit sans accord : *Vlò le chame qu'il o peint ; — ch'est le bouteile éque j'ai aveint ; — ch'est-ti le berbis que t'os récous?*

CHAPITRE VII

DE L'ADVERBE

356. Il existe dans le patois picard un très grand nombre d'adverbes et de locutions adverbiales ; on peut ranger les premiers dans les divisions suivantes :

Adverbes de lieu, — de temps, — de qualité, — de quantité, — de manière, — d'interrogation, — d'exclamation, — d'affirmation, — de négation, — de doute, — de liaison, — de comparaison.

357. **Adverbes de lieu.** — *Amont,* en haut : *vent d'amont.* — *Arriére,* arrière, dehors, loin : *tire-te arriére.* — *Dedens,* dedans. — *Desous,* dessous. — *Dessur* ou *sur, su* par apocope, dessus. — *Dolong,* contre, à côté, le long de : *nou rouloir il est dolong le granche.* — *Driére,* derrière. — *En* (latin *inde*) apparaît en picard sous quatre formes différentes : *en, n', nen* et *né ;* chacune d'elles est justifiée par les lois phonétiques selon la position qu'elle prend dans la phrase; ce petit mot est toujours atrocement estropié par nos peu expérimentés patoisants, qui n'en sont point à un barbarisme

près, et l'écrivent *cin, in, èn, nein, nèn, 'nn, nn, enn (j'enn aglave !) Ichi*, ici. — *Iou*, par apocope *où*, et, au commencement d'une phrase, *eyou*, où. — *Lò*, là, et, au commencement d'une phrase, *élò*, là. — *Y*, là, à cela, comme en français ; mais il est à noter qu'après le pronom impersonnel *i* (il), l'adverbe *y* demande très souvent à être précédé de *gn* avec ou sans négation : *I gny o rien ; èche qu'i gny o de meilleur, ch'est pour elle.*

358. Adverbes de temps. — *Alors*, on fait sonner l's. — *Après*, quoique préposition, devient adverbe par ellipse : *Cherchons après ; tu varos après.* — *Aujord'hui*, ou mieux *ojord'hui*, aujourd'hui. — *Aussitout*, aussitôt. — *Bientout*, bientôt. — *Déjò*, déjà. — *Demain, édemain* en tête de phrase. — *Depuis, depis, édepuis*, depuis. — *Devant*, quoique préposition, devient adverbe par ellipse : *J'irai devant ; je courrai devant ; est-ti coire si fier qu'édevant ?* — *Eutefois, euterfois*, autrefois. — *Hier*. — *Jamois*, jamais. — *Matin*. — *Quant*, quand ; on fait sonner le *t* comme s'il était suivi d'un *e* muet. — *Rondébilis* ou *rondibilis*, vivement, avec précipitation, en toute vitesse. — *Souvent*. — *Talheure*, altération de tout à l'heure. — *Tard*. — *Tempe*, tôt, de bonne heure. — *Toujours*. — *Vite*.

359. Adverbes de qualité. — Ils sont en grand nombre et dérivent des qualificatifs et des adjectifs. Je citerai : *Bougrément*, — *censément*, — *diaterment* ou *diantrèment*, — *duchement* ou *douchement*, — *fameusement*, — *fièrement*, — *finnement*, — *horribelment*, — *joliment*, — *justément*, — *meudiment*, — *rudement*, — *tasseulement*.

360. Adverbes de quantité et de mesure. — *Assez*, qui se prononce *assè*. — *Avant*, profond, profondément : *Vou puits il est-ti avant ? I feut creutter avant.* — *Biécœup*, beaucoup. — *Cambien*, combien. — *Coire*, encore. — *Grandécime*, très grand : *Beie qué grandécime capieu ;* vivement :

J court au grandécime galoup. — *Granment,* beaucoup, en grande quantité. — *Miux,* mieux. — *Putout,* plutôt. — *Pus* ou *pu,* suivant que cet adverbe est suivi d'une voyelle ou d'une consonne, plus. — *Quasiment,* presque, à peu près. — *Suffisant,* suffisamment. — *Troup,* trop. — *Wère,* guère.

361. **Adverbes de manière.** — Ils sont très nombreux ; je n'en citerai que quelques-uns : *Ensanne,* ensemble. — *Esprés,* exprès, de dessein prémédité. — *Portant,* pourtant. — *Quement,* comment ; il se construit avec *que.* — *Reclà.*

Tous les adverbes français terminés en *ment* rentrent dans cette classe.

362. **Adverbes d'interrogation.** — *Iou,* où. — *Jou,* est-ce que ? *Jou que t'iros là-bos ?* Ce mot a vieilli et ne s'emploie plus guère qu'avec l'adverbe interrogatif suivant. — *Quant,* quand. *Quant-jou que tu varos à nou moison ? Savez-vous quant-jou que vous gens il arriveront ?* — *Quement,* de quelle manière : *Quement qu'al fero pour venir ? Savez-vous quement qu'i vo ?*

363. **Adverbe d'exclamation.** — *Que,* combien : *Qu'os êtes-ti à plainne ! Qu'éje vodrois-ti éte à dimenche !*

364. **Adverbes d'affirmation.** — *Asseurè,* il est certain, assurément : *Asseurè qu'i varo.* — *Vraiment,* vraiment.

365. **Adverbes de négation.** — *Mie,* point : *J'ène veux mie que tu vienches.* — *Nan,* non. — *Point,* employé seul ou avec *ne : Est-ti point agréupe ? Ch'est point tout chuc èque nou voisinne. Point tant de bruit. Che n'est point le peine.*

366. **Adverbes de doute.** — *Dangéreux*, il est à craindre : *Il est dangéreux qu'i vienche.* — *Esposè*, même signification que le précédent : *Os étes esposè d'éne point le .ir.* — *Possipe*, possible. — *Probape*, probable.

367. **Adverbe de liaison.** — *Portant*, pourtant, néanmoins.

368. **Adverbes de comparaison.** — *Auprés*, en comparaison : *Che n'est rien auprés de li.* — *Aveu, aveuc, avec :* *Os est miux sans qu'aveu ; al s'en vo aveuc éle file éde nou cousin ; il iront à le fête aveuc éle mére éde leu voisinne.* — *Comme : Sen cueur i bot comme in ienfe d'in so.* — *Que.* — *Sans.* — *Selon*, suivant : *Ch'est selon comme ha li buquero.* — *Suivant : Ch'est suivant comme i le prendro.*

369. **Locutions adverbiales.** — Elles sont très nombreuses ; je n'en relèverai que quelques-unes.

A beudet, — à bidet, — à brouette, — à che-t-heure, — à chloffe ou mieux à schloff, — à chuchon, — à cueur, — à contré-cueur ou à conter-cueur, — à cœusse, — à cope, — à couplet, — à court, — à devant-z-hier, — à dogue ou à doc, — à dous, — à forche, — à gafie, — à grain-graindé séle, — à guevo, — à ladont, — à l'andoulle, — à la fertile, — à la fin, — à la fin des fins, — à la fin du compte, — à la galope, — à la revue, — à l'avenant, — à la volumme, — à le berdandoule, — à le braderie, — à le cour, — à le coyette, — à le douchette. — à le duchette, — à l'écappée, — à l'égarouillette, — à l'entour, — à l'étape, — à l'étou, — à le file, — à le froidure, — à le hurlure ou à l'urlure, — à le mote, — à le neiche, — à le piquette du jour, — à le plache, — à le pleufe, — à le pointelette du jour, — à le tourette, — à l'herbe, — à l'ieu, — à main, — à malaisse, — an mesure, à mort, — à muche ten pout, — à panchette, — à part mi, à part li, à part li, à part nous, à part vous, à part eux, — à pied,

— à pieds décœux, — à pinchette, — à plache, — à portèe, —
à prangéle, — à peu prés, — à rebous, — à rechinèe, — à re-
montèe, — à revers, — à s'n à part, — à s'n à portèe, — à
se cordelette, — à tout us (pr. usse), — au bord, — au bout de
tout, — au bout du cœup, — au bout du compte, — au cœud,
— au coi, — au courant, — au droit, — au froid, — au fur
an mesure, — au gairgnier, — au galoup, — au grandécime
galoup, — au grand jamois, — au l'omme, — au matin, —
au milan, — au pire aller, — au primme, — au pu prés, —
au radous, — au répit, — au raproïout, — au rond, — au
soir, — au soleile, — à verse, — à vir goutte ou à ver goutte,
— bèque et borne, — bien équeut, — bien rate, — bien seur,
— bien tombè, — boin et cœud, — bon pos, — bord à bord,
— bout du monne (le ou au), — cote-cote, — da le conter-tans,
— d'afilèe, — d'affule, — da le décite, — da le nez, —
d'aprés-demain, — de bistencuin, — de boine heure, — de
bout en bout, — d'écalout, — d'habitute, — d'hasard, — de
l'arrière, — de l'avant, — d'érevue, — des fois, — drés que,
— du sens, — éclo étant, — en ameur, — en arrière, — en
consnique, — en drière, — en émonché, — en étandis que, — en
état, — en languinne, — en mouvance, — en patelavache, — en
pile-corps, — en pilémanche, — en voie, — foire à deux, —
foire attache, — foire au nid, — gra-faim, — grignette à grignette, — jamois de la vie, — jour de la vie, — jour dé Diu,
— lò-dedens, — mal grâce (en), — mal mette (se foire), — nen
pu, — nenne part, — nou foit, — pa-desous, — pa-dessus, —
pêque-mêle, — pet-ète, — point de danger, — pu tout, —
quéques fois, — quéque part, — ras à ras, — tant et pus (l's
sonne), — tant miux, — tant pire, — tant pus, — tout à le
coïette, — tout à l'entour, — tout chaque fois, — tout comme,
— tout d'enne ébondie, — tout d'enne piéche, — tout du long,
— tout d'in émonché, — tout éoule ou tout eyoule, — tout
luron lurette (on ajoute) : en cantant sans mout dire, — tout
partout, — tout quiant bernant, — tout si tout comme, —
toute sorte, — tranner les barbettes.

CHAPITRE VIII

DE LA PRÉPOSITION

370. Les principales prépositions sont : *A*, comme en français, mais, en picard, cette préposition disparaît devant un mot qui commence par *a* : *Eje m'en vos Amiens ; tu t'en vos Abbeville ; i s'en vo Aubercourt.* — *Alenconte* ou mieux *à l'enconte*, auprès, tout près. — *Alentour.* — *Après.* — *Auprès*, s'emploie avec la préposition *de*. — *Autour* s'emploie également avec *de*. — *Areu*, devant les consonnes, *aveuc* devant les voyelles, avec ; l'expression *aller areu* signifie faire la cour, avoir des relations avec une personne de l'autre sexe. — *Conte* et *conter* (pron. *contére*), contre. — *Da* et non *das*, dans : *da nou moison, da vou granche.* — *De, dé* ou *éde*, de. — *Depuis, édepuis*, depuis. — *Desous* (pr. *d'zou*), *édesous*, sous, au-dessous. — *Dessus, dessur, édessus, édessur, sur, su* ou *sus*, dessus : *Il o mis che drop dessur éche lit ; il l'o prins dessus le tape ; il l'o posé su le commote.* — *Devant, éderant*, avant, s'emploie avec *de* près des infinitifs, et avec *que* près des pronoms : *Devant sen mariache ; édevant de partir éte soldat ; devant qu'il euche tiré à le milice ;* il signifie aussi en face : *Il est droit devant vous ; i s'est arrêté devant leu moison.* — *Drés* ou *dret*, dès. — *Driére*, derrière. — *Durant.* — *Eu.* — *Entre* devant une voyelle et *enter* (pr. *entére*) devant une consonne : *Entre amis, enter voisins ;* cependant, on dit parfois *enter eux.* — *Hormis.* — *Hors.* — *Jusque.* — *Malgré.* — *Mon*, chez ; cette préposition veut être suivie de *de* : *Mon de nou moîte, mon d'éche précepteu*, excepté devant un nom de personne : *Mon Gleude, mon M. le Curé.* — *Par.* — *Parmi.* — *Pendant.* — *Pour* ; son *r* s'élide assez souvent ; *Pou le consoler ; pou se peine*, mais on évite cette apocope en faisant

précéder le mot suivant d'un *é* de prosthèse : *Pour éle consoler ; pour ése peine.* — *Prés*, près. — *Sans*, comme en français. — *Selon.* — *Suivant.* — *Sur, sus* ou *su,* sur : *I i o donnè in cœup sur sen nez ; a' le portoit su s'n épeule ; il o tapé su se gamme.* — *Tandis, étandis,* pendant. — *Vlò,* voici, voilà.

Il est à observer que les prépositions s'emploient souvent sans régime, ce dernier étant sous-entendu : *I vient drière, i vo sans, i travaile aveu, ch'est selon, vlò pour.*

371. Les locutions prépositives sont très nombreuses ; en voici quelques-unes : *A bout ;* — *à cueur ;* — *à forche ;* — *à l'arenant ;* — *à l'enconte ;* — *à l'entour ;* — *à même* (pr. *an même*) *;* — *à mes dépens, à tes dépens,... ;* — *à mesure* (*an mesure) ;* — *à moins ;* — *appétit d'érien ;* — *à plache ;* — *à portée ;* — *à ras* (pr. *à rass'*) *;* — *à revers ;* — *au bout ;* — *au courant ;* — *au-deseur ;* — *au-desous ;* — *au-dessur ;* — *au droit ;* — *au fond ;* — *au fur an mesure ;* — *au liu* ou *au iu ;* — *au long ;* — *au mitan ;* — *au radous ;* — *au risque :* — *d'après ;* — *en attendant ;* — *en bos ;* — *en-dedens ;* — *en dehors ;* — *en drière ;* — *en étandis ;* — *en étot ;* — *en fait qu'éde ;* — *en heut ;* — *enter deux ;* — *histoire de* ou *éde ;* — *pa-desous ;* — *pa-dessur ;* — *par drière ;* — *pa-devant ;* — *quitte à ;* — *tant qu'à ;* — *tout au bord ;* — *toute sorte ;* — *tout près ;* — *vis-à-vis.*

CHAPITRE IX

DE LA CONJONCTION

372. La conjonction sert à unir deux phrases ou deux membres de phrases.

373. Les principales conjonctions sont : *Ainsi*. — *Comme*. — *Don*, donc. — *Et*. — *Ni* ; se remplace très souvent par *ne* : *I n'o ne moison ne buron ; i n'o ne fu ne liu ; i ne boit ne menche ; o ne voit ne ciux ne tére*. — *Portant*, pourtant. — *Pis* ou *pi*, puis ; comms l's ne sonne jamais, on peut la supprimer sans inconvénient ; cette conjonction se construit presque toujours avec *et*, ce qui forme une locution très souvent employée dans la conversation : cette locution a le don d'agacer les auditeurs, qui, pour manifester leur impatience, ne manquent jamais de dire au narrateur : *Et pi pi et pi, ha foit deux épis*. — *Pusque*, ou *pusqué* devant une consonne, puisque l's se fait toujours entendre. — *Quant*, que l'on prononce *quante*, quand. — *Que* ; dans un certain nombre de tournures interrogatives, cette conjonction précède toujours le pronom sujet : *Quéle heure qu'il est ? Quoi qu'i foit ? Quant-jou que tu varos ?* — *Quement*, comment. — *Si*. — *Sinon*. — *Soit*.

374. Les locutions conjonctives les plus fréquemment usitées sont : *Aussitout que*. — *En étandis que*. — *Et pi*. — *Man que*. — *Ne que*. — *O bien*, ou bien. — *Pace que*, parce que. — *Quant mumme*, quand même. — *Sitout que*, aussitôt que.

CHAPITRE X

DE L'INTERJECTION

---

375. Les principales interjections sont : *Ac !* qui marque le dégoût. — *Adé* ou *adet*, formule de salutation en quittant quelqu'un, adieu, au revoir. — *Adiu*, adieu. — *Allez ! Aya !* exprime la douleur. — *Aïe !* marque aussi la douleur. — *Bac ! Babac !* exclamation de dégoût pour empêcher les tout petits enfants de toucher ou de porter à leur bouche quelque chose de malpropre. — *Beie !* interjection servant à appeler

l'attention. — *Bernique !* interjection négative : *Bernique au pique ! Ha foit bernique !* — *Bojour !* marque le doute, l'incrédulité. — *Bosoir !* est une interjection de négation marquant le refus. — *Boufre ! Boufré ! Bougre ! Bougré !* interjections en forme de jurons : *Bougré des bougres !* — *Cac ! Cacac !* exclamations de dégoût employées dans le même sens que *Babac.* — *Crac !* — *Escusse !* — *Fuche !* — *Gua !* cri des charretiers pour faire aller les chevaux à gauche. — *Ha !* — *Habile !* vivement ; cette exclamation se redouble souvent : *Dépéchez-vous ; habile ! habile !* — *Hac !* exclamation exprimant le dégoût. — *Hai !* interjection employée non seulement pour appeler mais aussi pour donner plus de force. — *Hau !* exclamation employée par les charretiers pour faire arrêter les chevaux. — *Haute !* autre exclamation des mêmes pour avertir les chevaux de lever leurs pieds lorsqu'ils se trouvent sur un chemin couvert de gros cailloux ou présentant des aspérités. — *Hec !* interjection marquant le dégoût. — *Hem !* — *Heu !* — *Ho !* — *Honneur !* formule de salutation. — *Hu !* cri employé par les charretiers pour faire avancer leurs chevaux. — *Hum !* — *It* ou *à it !* (on fait sonner le *t*), cri des charretiers pour faire aller les chevaux à droite. — *Mine ! mine !* cri pour appeler les chats. — *Miséréré !* exclamation exprimant une émotion douloureuse. — *Ouais !* interjection de négation. — *Ouche ! ouche !* cri pour chasser les porcs. — *Ouf !* — *Oh !* — *Ouin !* marque la négation, le doute. — *Paf !* — *Pif !* — *Plou ! plou !* cri pour appeler les poussins. — *Plouf !* — *Pouf !* — *Qute ! qute !* cri pour appeler les poules. — *U !* forme préférable à *hu !* cri des charretiers pour faire avancer les chevaux. *U !* ou *à ut !* (on fait sonner le *t*) synonyme de *it à it.* — *Vitou ! vitou !* cri pour appeler les veaux. — *Wac !* et *Wec !* exclamations pour vomir ou marquant le dégoût. — *Wau !* synonyme de *Hau !*

376. Voici les locutions interjectives les plus souvent employées : *Ah ! ça, mais ?* — *Ah ! ça, quoi ?* — *A la revue.* —

*A la revoyure ! — Ah ! ya ya ! — Berdif ! berdouf ! berdaf !
— Bien seur ! — Bon diousse ! — Des poires blettes ! — Du
flan ! — Du mié ! — Haute-té-tè ! — Lé-warou ! Vingt lé-
warous ! Lé-warou-tonnerre ! Qué lé-warou ! — Mal va ! —
Nom des diousses ! — Nom des eus ! — Nom des os ! — Nom
des ous! — Plaît-ti? — Par ma finque ! — Par ma fique ! —
Pessé que nan ! — Tant miux ! — Tant pire !*

APPENDICE.

Morceaux choisis de poésie et de prose avec traduction en picard

---

On verra par les deux fabliaux suivants et leur traduction en picard moderne la différence qui existe entre ce parler populaire et la langue littéraire du treizième siècle. A propos de celle-ci, je ferai remarquer que, même de nos jours, quelques philologues amateurs abusent du terme « roman », qu'ils font synonyme de « vieux français » ou « ancien picard ». C'est une inexactitude. Le picard moderne, le parisien actuel sont aussi du roman, de même que le portugais et les patois valaques de la Macédoine. La jeune génération a maintenant des notions plus précises à cet égard depuis qu'on lit dans les lycées quelques morceaux de la *Chanson de Roland* et de Joinville, édités par feu Gaston Paris.

Les fabliaux qui vont suivre sortent du cadre de cet ouvrage; il eût été préférable de reproduire des textes en ancien picard, mais il n'en est arrivé aucun jusqu'à nous.

I

ESTULA.

Il estoient jadis doi frere,
Senz conseil de pere et de mere,
Et tot senz autre compaignie ;
Povretez fu bien lor amie,
Car sovent fu en lor compaigne
Et c'est la riens qui plus mehaigne
Ceus entor qui ele se tient ;
Nus si granz malages ne vient.
Ensemble manoient andoi
10. Li frere dont dire vos doi.
Une nuit furent mout destroit
De soif et de faim et de froit ;
Chascuns de cez maus sovent tient
A ceus que Povretez maintient.
Un jour se pristrent a penser
Coment se porroient tenser
Vers Povreté qui les apresse ;
Sovent lor fait sentir mesaise.
Uns mout renomez riches on
20. Manoit mout près de lor maison :
Cil sont povre, li riches fous.
En son cortil avoit des chous.
Et en l'estable des brebiz :
Andoi se sont cele part mis.
Povretez fait maint ome fol.
Li uns prent un sac a son col,
L'autres un coutel en sa main ;
Ambedoi se sont mis al plain.

I

ESTULO.

———

I n'avoit da le tans deux fréres
qu'i n'avaint pu pou z'zé consiller ni pére ni mére
ni pu personne éde leu parentè ;
l'povertè ch'étoit leu seule amie,
i n'avaint qu'elle pour compaignie ;
ch'est chan qu'i foit le pu de mo
à cheux iou qu'al reste aveue eux ;
i n'o point de pire maladie.
I demeuraint ensanne
10. ches deux frères qu'éje vous palle.
Enne fois au soir, i moraint
de soi, de faim pi de froid ;
ch'est des maladies qu'il arrive-te
à cheux que Povertè al tient da ses griffes.
Enne fois i se sont mis à buigner
quement qu'i porraint se débarracher
de Povertè qu'i ne les quitte point ;
souvent a' leu foit sentir leu misére.
In homme éque tout le monne disoit granment riche
20. i restoit à cotè de leu moison :
eux i sont pofes et pi che riche il est simplet ;
écheti-chi il avoit des choux da sen gardin
et pi des moutons da se bergerie ;
il ont résous toutés deux dé y aller ;
l'Povertè foit canger bien des gens.
I nen o ieu in qu'il o mis in so sus s'n épeule,
l'eute il o prins in coutieu da se main ;
toutés deux i se sont mis en voie.

L'uns entre el cortil maintenant,
30. Puis ne vait gueres atardant ;
Des chous trencha par le cortil.
L'autres se trait vers le bercil
Por l'uis ovrir : tant fait qu'il l'uevre.
Avis li est que bien vait l'uevre ;
Tastant vait le plus cras moton.
Mais adonc encor seoit on
En l'ostel, si qu'on tres oï
L'uis del bercil, quant il l'ovri.
Li prodom apela son fil :
40. « Va veoir, dist il, el cortil,
Que il n'i ait rien se bien non :
Apele le chien de maison. »
Estula avoit nom li chiens ;
Mais de tant lor avint il biens
Que la nuit n'ert mie en la cort.
Et li vaslez prenoit escout :
L'uis devers la cort overt a,
Et crie : « Estula ! Estula ! »
Et cil del bercil respondi :
50. « Oïl, voirement sui je ci. »
Il fesoit mout oscur et noir,
Si qu'il ne pot apercevoir
Celui qui si respondu a.
En son cuer bien por veoir cuida
Que li chiens eüst respondu.
N'i a puis gueres atendu ;
En la maison droit s'en revint,
Grant peor ot quant il i vint :
« Qu'as-tu, beaus fiz ? ce dist li pere.
60. — Sire, foi que je doi ma mere,
Estula parla or a moi.
— Qui ? Nostre chiens ? — Voire, par foi ;

L'in s'est en allè tout droit da che gardin
30. et pi, sans s'atarger,
i s'est mis à coper des choux.
L'eute i s'est avanchè jusqu'à le bergerie
pour ouvrir éle porte ; il o tant foit qu'il l'o ouvert ;
i li sannoit que tout alloit fin bien ;
i s'est mis à tater ches moutons pour coisir éle pu gros.
Mais comme os étoit coire élevè
da le moison, os o bien entendu
éle porte d'éle bergerie quant l'eute il l'o ouvert.
Éche moite il o huquè sen fiu :
40. « Vo vir da che gardin, qu'i li dit,
si tout est bien à plache,
et pi rappéle éche quien de nou moison. »
Estulo ch'étoit che nom d'éche quien ;
ches deux voleus il ont ieu d'éle chance
qu'éle nuit-lò i n'étoit point da le cour.
Éche quiout i s'est mis à acouter,
après, il o ouvert éle porte
et pi il o criè : « Estulo ! Estulo ! »
Écheti qu'il étoit da le bergerie il o répondu :
50. « Oui, bien seur, qu'éje sut ichi. »
I besoit si télement noir
Qu'i n'o mie peu vir
Écheti qu'i li avoit répondu.
En li-mumme, il o cru pour dé vrai
Qu'éche quien i li avoit répondu.
I n'o point restè lò pu longtans ;
il est revenu droit à leu moison ;
il avoit fin peur quant il o 'tè rentrè :
« Quoi que t'os, men fiu ? qu'i li demanne sen pére.
60. — Mon pére, foi qu'éje dois à man mére,
Estulo vient de parler à mi.
— Quèche ? Nou quien ? — En vérité, par ma foi ;

Et se croire ne m'en volez,
Huchiez l'errant, parler l'orrez. »
Li prodom maintenant s'en cort
Por la merveille, entre en la cort
Et hucha Estula, son chien.
Et cil qui ne s'en gardoit rien
Li dist : « Voirement sui je ça. »
70. Li prodom grant merveille en a :
« Par toz sainz et par totes saintes !
Fiz, j'ai oï merveilles maintes :
Onques mais n'oï lor pareilles ;
Va tost, si conte cez merveilles
Al prestre, si l'ameine o toi,
Et li di qu'il aport o soi
L'estole et l'eve beneoite. »
Cil al plus tost qu'il puet s'esploite
Tant qu'il vint en l'ostel al prestre.
80. Ne demora gueres en l'estre,
Vint al provoire isnelement :
« Sire, dist il, venez vos ent
En maison oïr granz merveilles ;
Onques n'oïstes lor pareilles.
Prenez l'estole a vostre col. »
Dist li prestres : « Tu iés tot fol,
Qui or me vueus la fors mener :
Nuz piez sui, n'i porroie aler. »
Et cil li respont senz delai :
90. « Si ferez ; je vos porterai. »
Li prestres a prise l'estole,
Si monte senz plus de parole
Al col celui, et il s'en va
La voie ; si come il vint la,
Qu'il voloit aler plus briement,
Par le sentier tot droit descent,

et pi, si os ne volez point me croire,
huquez-le tout de suite, ol l'entendrez parler. »
Éche-t-homme i court tout de suite
pour vir éle merveile ; i sorte da le cour,
i huque Estulo, sen quien.
L'eute voleu, qu'i n'ése déméfioit d'érien,
i dit : « Asseurèment qu'éje sut lò. »

70. Éche-t-homme i n'n est fin surprins :
« Par tous ches saints et pi tous ches saintes,
Men fiu, j'ai entendu bien des curieusités
mais jamois j'én'n ai entendu de pareiles ;
cours tout de suite, tu raconteros l'I histoire
à nou curè ; amène él'lé aveuc ti
en li disant qu'il apporte édessur li
s'n étole et pi d'éle ieu benite. »
Éche quiout i court du pu vite qu'i peut
tant qu'il arrive à le moison d'éche curè.

80. Sitout entrè da le moison,
il o 'tè tout de suite droit à che curè :
« Monsieu, qu'i dit, venez
à nou moison énténe des chosses curieusses,
Qu'os n'n avez jamois entendu de pareiles.
Mettez vou étole à vou cou. »
Éche curè i li dit : « T'est tout à foit fou
éde voloir à l'I heure-chi m'entriner dehors ;
éje sut à pieds décœux ; j'éne peux mie y aller. »
Éche quiout i li répond tout de suite :

90. « Si est, os varez ; je vous porterai ».
Éche curè il o prins él'l étole,
il o montè sans pus allégucr
sus che dous d'éche quiout qu'il o reprins
sen quemin ; en approchant de leu moison,
comme il avoit volu raccourchir,
il o déchendu tout droit che sentier

8

La ou cil descendu estoient,
Qui lor viande porchaçoient.
Cil qui les chous aloit coillant
100. Le provoire vit blanchoiant,
Cuida que ce fust ses compaing
Qui aportast aucun gaaing,
Si li demanda par grant joie :
« Aportes tu rien ? — Par foi, oie »,
Fait cil qui cuida que ce fust
Ses père qui parlé eüst.
« Or tost, dist il, jete le jus ;
Mes couteaus est bien esmoluz,
Je le fis ier moudre a la forge :
110. Ja avra coupée la gorge. »
Et quant li prestre l'entendi,
Bien cuida qu'on l'eüst traï ;
Del col celui est jus sailliz,
Si s'en fuit trestoz esmariz ;
Mais son sorpeliz abocha
A un pel, si qu'il remest la,
Qu'il n'i osa pas tant ester
Qu'il le peüst del pel oster ;
Et cil qui les chous ot coilliz
120. Ne fu mie meins esbaïz
Que cil qui por lui s'en fuioit :
Si ne savoit que il avoit ;
Et neporquant si vait il prendre
Le blanc que il vit al pel pendre,
Si sent que c'est uns sorpeliz.
A tant ses frères est sailliz
Del bercil a tot un moton ;
Si apela son compaignon,
Qui son sac avoit plein de chous :
130. Bien ont endoi chargiez les cous.

par iou qu'il étaint dévalès
cheux qu'i cherchaint leu vie.
Écheti qu'il étoit en route à coper des choux
100. il o vu quéte cosse éde blanc dessus che curè,
il o cru que ch'étoit sen frére
qu'i rapportoit chan qu'il avoit volé ;
i li o demandè fin content :
« Rapportes-tu quéte cosse ? — Par ma foi, oui »,
qu'i répond che quiout, qu'i croyoit que ch'étoit
sen pére qu'i venoit de li parler.
« Dépêche-te, qu'i li dit, d'él'l éjeter à tére ;
men coutieu il est bien rameulu,
j'él'l ai foit repasser hier à le forche,
110. éje li coperai sen cou. »
Quant éche curè il l'o ieu entendu,
il o cru qu'il étoit refoit ;
il o seutu à tére d'éche dous d'éche quiout,
et pi i s'est sové tout de suite tout épeutè ;
Seulement, sen suplis i s'est aboquè
à un piquet, iou qu'il o restè accrochè
pace qu'éche curè i n'o point oseu retorner
pour éle déboquer d'éche piquet.
Écheti qu'i copoit ches choux
120. il o 'tè tout ossi épeutè
qu'écheti qu'i se sovoit par peur éde li ;
i ne savoit point quoi qu'ba voloit dire ;
portant, il o 'tè queurre
éche qu'i voyoit de blanc qu'i pendoit à che piquet ;
il o sentu que ch'étoit un suplis.
A che moment-lò, sen frére il o sorti
d'éle bergerie aveu in mouton ;
il o huquè l'eute frére
qu'il avoit sen so plein de choux ;
130. il avaint toutés deux leus épeules bien cairquèes.

Ne voudrent plus lonc conte faire,
Andoi se sont mis el repaire
Vers lor ostel qui lor fu près.
Lors a cil mostré son conquest
Qu'ot gaaigné, le sorpeliz ;
Si ont assez gabé et ris
Que li rires lor fu renduz,
Qui devant lor fu defenduz.
En petit d'ore Dieus labore :
140. Teus rit al main qui al soir plore,
Et teus est al soir correciez
Qui al main est joianz et liez.

I n'ont point foit pu long conte ;
i se sont rennallès
devers leu moison qu'a' n'étoit point loin.
Lò, l'in o montrè che qu'i rapportoit,
chan qu'il avoit prins, éche suplis ;
i se sont mis à gouailler pi à rire éde boin cueur,
pace qu'à che moment-lò i povaint rire
putout qu'édevant, qu'i n'n avaint point le cueur.
En peu de tans, le bon Diu foit de l'ouvrache :
140. pu d'in i rit au matin qu'i brait au soir,
et pi pu d'in il o d'éle téte-rompue au soir,
qu'il est joyeux pi gai au matin.

II

LA HOUCE PARTIE.

De biau parler et de bien dire
Chascuns devroit à son mestire
Fère connoistre et enseignier
Et bonement enromancier
Les aventures qui avienent.
Ausi, comme gent vont et vienent,
Ot-on maintes choses conter
Qui bones sont à raconter.
Cil qui s'en sevent entremetre
10. I doivent grant entente metre,
En pensser, en estudier,
Si com firent nostre ancissier,
Li bon mestre qui estre seulent ;
Et cil qui après vivre vuelent
Ne devroient jà estre oiseus.
Mès il devienent pereceus
Por le siecle, qui est mauvès ;
Por ce si ne se vuelent mès
Li bon menestrel entremetre,
20. Qar molt covient grant paine metre
En bien trover, sachiez de voir.
   Huimès vous faz apercevoir
Une aventure qui avint
Bien a dis et sept ans ou vint,
Que uns riches hom d'Abevile
Se departi fors de sa vile,
Il et sa fame et uns siens fils.
Riches et combles et garnis

II

Éle Courpointe copèe en deux.

D'éche bieu parler pi d'éche bien dire,
chaquin devroit de sen miux
foire connoîte pi ensigner
et pi mette en boin français
ches aventures qu'il arrive-te :
ché seroit de dire comme gens vont et viente ;
os entend de bélés histoires
qu'i sont boines à raconter.
Cheux qu'i saite écrire
10. i devraint foire attache
à bien penser, bien étudier
comme i besaint nous taïons,
qu'i sont passès moites ;
cheux qu'i vodront ète comme eux,
i ne forro point qu'i reste-te à rien foire.
Mais i viente-té paressœux
à cœusse éde nou sièque, qu'il est movais ;
pour ello, i ne veute-té pu,
ches boins conteùs, se casser le téte ;
20. i feut se donner biécœup de peine
pour foire quéte cosse éde bien ; ch'est la vérité.
   Ojord'hui, je m'ons vous raconter
enne histoire qu'al est arrivèe
i n'o bien dix-sept à vingt ans
à in riche bourgeois d'Abbeville
qu'i s'est en allè hors d'ése ville
avou se fame et pi sen fiu.
Il étoit granment riche ;

Issi com preudom de sa terre,
30. Por ce que il estoit de guerre
Vers plus fors genz que il n'estoit ;
Si se doutoit et se cremoit
De estre entre ses anemis.
D'Abevile vint à Paris.
Ilueques demora tout qoi,
Et si fist homage le Roi
Et fu ses hom et ses borgois.
Li preudoms fu sage et cortois,
Et la dame forment ert lie,
40. Et li vallès fols n'estoit mie,
Ne vilains, ne mal enseigniez.
Molt en furent li voisin liéz
·De la rue où il vint manoir ;
Sovent le venoient véoir
Et li portoient grand honor.
Maintes genz sans metre du lor ·
Se porroient molt fère amer ;
Por seulement de biau parler
Puet l'en molt grant los acueillir ;
50. Qar qui biau dit, biau veut oïr,
Et qui mal dit et qui mal fait,
Il ne puet estre qu'il ne l'ait ;
En tel point le voit-on et trueve ;
On dit sovent : l'uevre se prueve.
    Ainsi fu li preudom mananz
Dedenz Paris plus de sept anz,
Et achatoit et revendoit
Les denrées qu'il connissoit.
Tant se bareta d'un et d'el
60. Que tozjors sauva son chatel,
Et ot assez de remanant.
El preudome ot bon marchéant

éche brave homme il o quittiè se moison
30. pace qu'il étoit en discord
aveu des gens bien au-dessus de li ;
il avoit toujours peur
éde quére da leus mains.
D'Abbeville i s'est envoie rester à Paris ;
lò, i s'est tenu fin tranquile ;
il o foit hommache au roi,
il est devenu s'n homme, sen bourgeois.
Éche brave homme il étoit amiteux, poli ;
se fame al étoit granment gaie,
40. et pi leu fiu i n'étoit mie bête
ni en retard ni mal éduquè.
Leus voisins il étaint fin contents
da le rue qu'il est venu rester ;
i venaint souvent z'zé vir ;
i leu portaint biécœup d'honneur.
Granment de gens, sans qu'i ne leus en coûte érien,
i porraint se foire aimer tout plein ;
i n'est qu'éde bien parler
pour avoir enne boine réputation,
50. pace qu'écheti qu'i palle bien o li répond de mumme,
écheti qu'i dit ou qu'i foit du mo,
i feut qu'i li arrive éle mumme chosse à sen tour ;
ch'est toujours éche qu'i se voit ;
o dit souvent : éche travaile s'éreconnoit.
Éche brave homme-lò
il étoit à Paris édepuis pu de sept ans ;
il achetoit et pi i vendoit
ches marchandisses éde sen métier.
I trafiquoit si bien d'enne chosse et d'enne eute
60. éque toujours i wardoit sen bien
et mumme i besoit du bénéfice.
Éche brave homme ch'étoit in marchand honnète

Et demenoit molt bone vie,
Tant qu'il perdi sa compaignie,
Et que Diex fist sa volenté
De sa fame, qui ot esté
En sa compaignie trente anz.
Ils n'avoient de toz enfanz
Que ce vallet que je vous di.
70. Molt corouciez et molt mari
Se fist li vallés lèz son père,
Et regretoit sovent sa mère,
Qui moult souef l'avoit norri ;
Il se pasma, pleure por li,
Et li pères le reconforte :
« Biaus filz, fet-il, ta mère est morte ;
Prions Dieu que pardon li face ;
Ters tes iex, essue ta face,
Que li plorers ne t'i vaut rien.
80. Nous morrons tuit, ce sez-tu bien ;
Par là nous convendra passer ;
Nus ne puet la mort trespasser
Que ne reviegne par la mort.
Biaus filz, tu as bon reconfort,
Et si deviens biaus bacheler ;
Tu es en point de marier,
Et je sui mès de grant aage.
Si je trouvoie un mariage
De gent qui fussent de pooir,
90. G'i metroie de mon avoir ;
Qar ti ami te sont trop loing ;
Tart les auroies au besoing ;
Tu n'en as nul en ceste terre
Se par force nes pués conquerre ;
S'or trovoie fame bien née
Qui fust d'amis emparentée,

qu'i menoit enne vie simpe ;
à la fin, il o perdu se compaingnie
pace qu'éle bon Diu il o rappelé à li
le fame d'éche marchand, qu'al avoit 'té
mariée aveuc li trente ans.
I n'avaint pour tout anfant
Qu'éche fiu qu'éje vous ai dit.

70. Fin triste et pi tout clabeut,
    éche quiout, quant il étoit aveu sen pére,
    i s'ennuyoit souvent d'ése mére
    qu'al l'avoit alevé si duchètement ;
    i se pamoit en brayant dessur sen malheur ;
    sen pére i le ramioloit :
    « Men fiu, qu'i disoit, te mére al est morte ;
    prions le bon Diu qu'i li pardonne ;
    housse tes yux pi ten visache,
    des larmes ha ne veut rien.

80. Os morrons tertous, tu le sais bien ;
    i nous feut passer par lò ;
    personne éne peut écapper à la mort,
    tout le monne est prins par elle.
    Men fiu, t'os de quoi te consoler
    pace éque tu deviens in bieu jeune homme ;
    t'est à l'ache d'éte marier,
    mi je sut viux à che-t-heure.
    Si je trouvois pour ten mariache
    des gens qu'i fuche-té beut plachès,

90. j'éte donnerois de l'argent ;
    tes amis i sont troup loin ;
    i n'arriveraint point à tans si tu n'n avois besoin ;
    tu n'éros d'amis sur tère
    éque si tu te montes au-dessus d'eux ;
    si je trouvois enne file éde boine moison
    qu'al fuche bien apparentèe,

Qui éust oncles et antains,
Et frères et cousins germains,
De bone gent et de bon leu,
100. Là où je verroie ton preu,
Je t'i metroie volentiers,
Jà nel leroie por deniers. »
      Ce nous raconte li escris,
Seignor, or avoit el païs
Trois chevaliers qui erent frère
Qui erent de père et de mère
Moult hautement emparenté,
D'armes proisié et alosé,
Mès n'avoient point d'eritage
110. Que tout n'éussent mis en gage,
Terres et bois et tenemenz,
Por suirre les tornoiemenz.
Bien avoit sur lor tenéure
Trois mile livres à usure,
Qui moult les destraint et escille.
Li ainsnez avoit une fille
De sa femme, qui morte estoit,
Dont la damoisele tenoit
Dedenz Paris bone meson
120. Devant l'ostel à cel preudon.
La meson n'estoit pas au père,
Qar li ami de par sa mère
Ne li lessierent engagier.
La mesons valoit de loier
Vingt livres de paresis l'an ;
Jà n'en éust paine n'ahan
Que de ses deniers recevoir.
Bien fu d'amis et de pooir
La damoisele emparentée,
130. Et le preudon l'a demandée

qu'al euche des oncques, des tantes,
des fréres, des cousins germains,
des braves gens de boine familc,
100. éiou qu'éje voirrois t'n avantache,
éje t'y mettrois tout de suite ;
je n'érebeierai jamois à l'l argent. »
Él'l écrit-lò i nous apprend,
Messieus, qu'i n'avoit da le ville
trois nopes qu'il étaint frères,
éque leus pére et mére
étaint granment bien apparentès,
qu'il étaint bien vus ;
mais i n'avaint point d'héritache
110. qu'i ne fuche-hypothéquè,
comme leus téres, leus bous, leus biens ;
pour povoir aller à ches fétes éde ches seigneurs,
il avaint bien dessus leu avoir
emprétè trois mille lifes,
éche qui z'z embétoit rudement.
Éche prummier fiu il avoit enne file
d'ése fame qu'al étoit morte ;
élè file al avoit hérité d'elle
d'enne boine moison à Paris
120. en face éde chelle d'éche marchand.
Éle moison che n'étoit point à che pére,
pace éque ches parents d'éle mére
i ne li ont point laissiè hypothéquer.
Éle moison al étoit bien louèe
vingt lifes par an ;
éle file a' n'avoit d'cute peine
que d'érechuvoir l'argent d'éle location.
Biécœup de gens riches qu'il avaint long bros
il étaint ches parents d'éle file-lò,
130. aussi che marchand il l'o demandèe en mariache

Au père et à toz ses amis.
Li chevalier li ont enquis
De son mueble, de son avoir,
Combien il en pooit avoir
Et il lor dist moult volentiers :
« J'ai, qu'en denrées qu'en deniers,
Mille et cinq cens livres vaillant ;
J'en deveroie estre mentant
Se je me vantoie de plus ;
140. Je l'en donroie tout le plus
De cent livres de paresis.
Je les ai loiaument aquis ;
J'en donrai mon fil la moitié.
— Ce ne porroit estre otroié,
Biaus sire, font li chevalier ;
Se vous deveniiez templier,
Ou moine blanc, ou moine noir
Tost lesseriiez vostre avoir
Ou à temple ou à abéïe :
150. Nous ne nous i acordons mie ;
Non, Seignor, non, Sire, par foi.
— Et comment donc, dites le moi ?
— Moult volentiers, biaus Sire chier.
Quanques vous porrez esligier,
Volons que donez vostre fils,
Et que il soit du tout saisis,
Et tout metez par devers lui,
Si que ne vous ni à autrui
N'i puissiez noient calengier.
160. S'ainsi le volez otroier,
Li mariages sera fait ;
Autrement ne volons qu'il ait
Nostre fille ne nostre nièce. »
Li preudon penssa une pièce ;

à sen pére et pi à ses parents.
Ches seigneurs ils l'ont avéré
dessur sen bien, s'n argent,
li demandant cambien qu'i povoit avoir ;
i leus o dit tout de suite sans se foire prier :
« J'ai en marchandisse pi en argent,
mille cinq chents lifes vaillants ;
éje porrois passer pour in menteu
si je disois que j'én'n ai pus ;
140. j'éme trompe pet-ète
éle chent lifes tout au pus.
J'éz'z ai bien gaingnès ;
Je nen donnerai le mitan à men fiu.
— Ello ne peut mie aller,
brave homme, qu'i dite-té ches seigneurs ;
si os vous besoites templier,
moine blanc o bien moine noir,
os laisseroites tout vou bien
à che couvent ou bien à l'l abbéïe ;
150. os ne nous accorderons mie,
nan, monsieu, nan, monsieu, par ma foi.
— Quoi qu'os volez don ? Disez-mé-l'lé.
— Os n'édemandons point miux, cher monsieu.
Tout chan qu'os porroites tenir pour vous,
os volons qu'os le donnéche à vou fiu,
pour qu'il euche tout vou bien ;
i feut qu'os li laissiéches tout à part li
sans que ni vous ni personne
éne peuche érien lir eclamer.
160. Si os volez accorder lelo,
érhe mariache i sero foit,
autrement, os ne volons point que vou fiu il euche
nou file et guieuche. »
Echemarchand il o buignè in moment ;

Son fil regarde ; si penssa,
Mès mauvesement emploia
Cele penssée que il fist.
Lors lor respont et si lor dist :
« Seignor, de quanques vous querez
170. Acomplirai voz volentez,
Mès ce sera par un couvent :
Se mes filz vostre fille prent,
Je li donrai quanqu'ai vaillant,
Et si vous di tout en oiant,
Ne vueil que me demeure rien,
Mès praingne tout et tout soit sien,
Que je l'en saisi et revest. »
Ainsi le preudon se dévest.
Devant le pueple qui là fu
180. S'est dessaisi et desvestu
De quanques il avoit el monde,
Si que il remest ausi monde
Com la verge qui est pelée,
Qu'il n'ot ne denier ne denrée
Dont se péust desjéuner
Se ses filz ne li volt doner.
Tout li dona et clama quite,
Et, quant la parole fu dite,
Li chevaliers tout main à main
190. Saisi sa fille par la main ;
Si l'a au bacheler donée,
Et li vallés l'a espousée.

D'iluec bien à deus anz après
Bonement furent et en pès
Li maris et la dame ensanble,
Tant que la dame, ce me sanble,
Ot un biau fil du bacheler.
Bien le fist norrir et garder,

il o rebeyè sen fiu ; il o pensè en li-mumme,
seulement, il o mal employè
ches idèes qu'i li étaint venues.
Au bout d'in moment, il leus o répondu comme lo :
« Messieus, éde tout chan qu'os reclamez,
170. éje sut pret à foire éche qu'os volez,
mumme par in compromis :
si vou file al prend men fiu,
je li donnerai tout che qué j'ai,
éje vous dis toute, pa-devant témoins ;
j'éne veux rien warder,
éje veux qu'i prenche toute ; toute sero à li ;
éde toute, j'éle saisis et revéte. »
Éche marchand i s'est don dépouillè.
Devant ches témoins qui n'avoit lò,
180. i s'est dessaisi pi dévétu
éde tout chan qu'il avoit au monne,
ha foit qu'il est restè aussi nu
qu'in baton qu'os o enlevè se pelate ;
i n'o wardè ni argent ni marchandisse,
si bien qu'i ne povoit mic déjeuner
si sen fiu ne voloit li donner à menger.
I li avoit tout donnè en se disant acquittiè.
Quant éche compromis il o ieu 'tè signè,
éche seigneur, qu'il étoit à cotè
190. d'ése file, il l'o prins pa se main,
il l'o donnèe à che jeune homme,
et pi cheti-chi i s'est mariè aveuc elle.
    Pendant deux ans à peu prés,
il ont vécu heureux pi contents
éche-t-homme et pi le fame ensanne,
jusqu'à tans qu'éle dame, à che qu'i me sanne,
al o ieu in fiu d'és'n homme.
Il l'o foit bien norrir et pi songner,

9

Et la dame fu bien gardée,
200. Sovent baignie et relevée.
　　　Et li preudon fu en l'ostel ;
　　　Bien se dona le cop mortel
　　　Quant, por vivre en autrui merci,
　　　De son avoir se dessesi.
　　　En l'ostel fu plus de douze anz,
　　　Tant que li enfes fu jà granz,
　　　Et se sot bien apercevoir.
　　　Souvent oï ramentevoir
　　　Que ses taïons fist à son père,
210. Par qoi il espousa sa mère,
　　　Et li enfes, quand il l'oï,
　　　Ainc puis nel volt metre en oubli.
　　　Li preudon fu viex devenu,
　　　Que viellèce l'ot abatu
　　　Qu'au baston l'estuet soustenir.
　　　La toile à lui ensevelir
　　　Alast volentiers ses filz querre ;
　　　Tart li estoit qu'il fust en terre,
　　　Que sa vie li anuioit.
220. La dame lessier ne pooit,
　　　(Qui fière estoit et orguilleuse ;
　　　Du preudome estoit desdaigneuse,
　　　Qui moult li estoit contre cuer.)
　　　Or ne puet lessier à nul fuer
　　　Qu'ele ne déist son seignor :
　　　« Sire, je vous pri par amor,
　　　Donez congié à vostre père,
　　　Que, foi que doi l'ame ma mère,
　　　Je ne mengerai mès des denz
230. Tant com je le saurai céenz,
　　　Ainz vueil que li donez congié.
　　　— Dame, fet-il, si ferai-gié. »

et pi os avoit bien soin d'éle dame
200. qu'o mettoit da les bains jusqu'à tans qu'al o 'tè guérite.
Éche marchand il o restè mon de sen fiu ;
i s'étoit donnè che cœup de la mort
Quant, pour vife à le compte d'éz'z eutes,
i s'étoit défoit de tout che qu'il avoit.
I n'avoit pu de douze ans qu'i restoit mon de sen fiu ;
sen quiout-fiu il étoit déjò grand
et pi i quemenchoit à s'aperchuvoir ;
souvent il entendoit ramentuvoir
chan que sen grand-pére il avoit foit à sen pére
210. pour qu'i peuche èse marier aveu se mére ;
él'l enfant, quant il l'o ieu seu,
i n'él'l o jamois obliè.
Éche marchand, quant il est venu viux,
éque l'ache l'o ieu abattu,
il o ieu recours à in baton pour marcher ;
éche drop pour éle l'ensévelir,
sen fiu il o 'tè queurre bien rate ;
il avoit gra-faim qu'i fuche en tére,
ha l'l embétoit qu'i viche coire.
220. Èse béle-file a' ne voloit pu qu'i reste
(al étoit fiére pi emblayeusse ;
al avoit prins sen bieu-pére à dédain ;
al l'enduroit à conter-cueur.)
à tout moment,
a' n'arretoit point de dire à s'n homme :
« Éje vous en prie par amour,
mettez vou pére édehors ;
foi qu'éje dois à l'ame éde man mére,
j'éne mengerai pu jamois de mes dents
230. tant que j'éle sérai ichi ;
éje veux qu'os le renvoyéches.
— Fame, qu'i répond, je vous obéirai. »

Cil, qui sa fame doute et crient,
Maintenant à son père vient ;
Se li a dit isnelement :
« Pères, pères, alez vous ent ;
Je di c'on n'a céenz que fère
De vous ne de vostre repère ;
Alez vous aillors porchacier.
240. On vous a doné à mengier
Eu cest ostel douze anz ou plus ;
Mès fetes tost, si levez sus ;
Si vous porchaciez où que soit,
Que fère l'estuet orendroit. »
Li pères l'ot ; durement pleure ;
Sovent maudit le jor et l'eure
Qu'il a tant au siècle vescu :
« Ha ! biaus douz filz, que me dis-tu ?
Por Dieu, itant d'onor me porte
250. Que ci me lesses à ta porte.
Je me girrai en poi de leu ;
Je ne te quier nis point de feu,
Ne coute-pointe, ne tapis ;
Mès la fors souz cel apentis
Me fai baillier un pou d'estrain.
Onques por mengier de ton pain
De l'ostel ne me gete fors.
Moi ne chaut s'on me met là hors,
Mès que ma garison me livre ;
260. Jà, por chose que j'aie à vivre
Ne me déusses pas faillir.
Jà ne pués-tu miex espenir
Toz tes pechiez qu'en moi bien faire,
Que se tu vestoies la haire.
— Biaus père, dist li bachelers,
Or n'i vaut noient sermoners ;

Comme il avoit enne granne peur d'elle,
il o 'tè bien rate truvoir sen pére ;
i li o dit tout d'enne ébondie :
« Mon pére, allez-vous-en hors d'ichi.
pace qu'o n'o point besoin
de vous da nou moison,
allez ailleurs chercher vou vie.

240. O vous o donnè à menger
da nou moison édepuis douze ans et pus ;
dépéchez-vous ; levez-vous ;
os irez vife n'importe iou ;
i feut que ché fuche au pu vite. »
Sen pére il l'acoute ; i brait tant qu'i peut ;
à toute heure du jour, i s'éregréte
éde vife si viux.
« Ha ! men pofe fiu, quoi que tu me dis-lò ?
Mon Diu ! tu me portes si peu d'honneur

250. éque tu me mets à le porte !
I me feut enne si quiote plache pour coucher ;
j'éne t'édemanne mumme point de fu,
ni courpointe ni tapis ;
seulement desous te hallette
fois-mé mette in molet de feurre.
Jamois, pou ne point me donner de ten pain,
n'éme jéte à le porte d'éte moison.
Ha m'est égal éque tu me mèches édehors
si tu veux coire éme donner à menger ;

260. pour chan qu'i me reste à vife,
n'éme laisse manquer d'érien ;
jamois tu ne porros miux racheter
tous tes péchés qu'en me foisant du bien
putout qu'à te vétir d'enne quemisse éde crm.
— Mon pére, qu'i li dit sen fiu,
i ne feut point foire éde sermon ;

Mès fetes tost, alez vous en,
Que ma fame istroit ja du sen.
— Biaus filz, où veus-tu que je voise ?
270. Je n'ai vaillant une vendoise.
— Vous en irez en cele ville ;
Encore en i a-il dix mile
Qui bien i truevent lor chevance :
Moult sera or grant meschéance
Se n'i trovez vostre peuture ;
Chascuns i atent s'aventure ;
Aucunes genz vous connistront,
Qui lor ostel vous presteront.
— Presteront, filz ! Aus genz que chaut
280. Quant tes ostels par toi me faut ?
Et, puis que tu ne me fèz bien,
Et cil qui ne me seront rien
Le me feront moult à envis,
Quand tu me faus, qui es mes fils.
— Pères, fet-il, je n'en puis mais
Se je met sor moi tout le fais ;
Ne savez s'il est à mon vuel. »
Adonc ot li pères tel duel,
Por poi que li cuers ne li criève.
290. Si foibles comme il est, se liève ;
Si s'en ist de l'ostel plorant :
« Filz, fet-il, à Dieu te commant.
Puisque tu veus que je m'en aille,
Por Dieu me done une retaille
D'un tronçon de ta sarpeillière,
Ce n'est mie chose moult chière,
Que je ne puis le froit soufrir.
Je le te demant por couvrir,
Que j'ai robe trop poi vestue ;
300. C'est la chose qui plus me tue. »

dépéchez-vous de vous en aller,

éme fame al s'en iro putout d'ichi.

— Men fiu, iou que tu veux qu'éje m'en voiche ?

270. Éje n'ai point fistule au monne.

— Os vous en irez da le ville ;

i nen o bien dix mille

qu'i trouve-te à gaingner de l'argent ;

Ha seroit bien malhéreux

si os ne truvoites point vou norriture ;

chaquin cherche à l'aventure ;

ches gens qu'i vous connoîtes

i vous logeront da leu moison.

— I me logeront, men fiu ? D's étrangers,

280. quant éte moison a' me manque ?

Pus éque tu n'éme fois pu de bien,

cheux qu'i n'éme sont d'érien

i le feraint à conter-cueur,

ti que tu me manques, éque t'est men fiu.

— Mon pére, éje n'en porrai pu

si je mets tout le cairque édessur mes épeules ;

os ne savez don point qu'éche n'est mie d'éme volonté? »

Éche pére il avoit tant de chagrin

que sen cueur il étoit pret à crever.

290. Malgré qu'il étoit sans forches, i s'est levè ;

il o sorti d'éle moison en brayant :

« Men fiu, qu'il o dit, je t'érequemanne à Diu.

Pus éque tu veux qu'éje m'en voiche,

pour l'amour dé Diu donne-mé enne piéche

d'in morciou d'éte serpilliére,

ha ne coûte point granment quer ;

j'ai peur d'avoir froid ;

j'éle mettrai pa-dessus

mes habits qui ne sont point épais ;

300. ch'est le froidure qu'i me foit le pu de mo ».

Et cil, qui de doner recule,
Li dist : « Pères, je n'en ai nule.
Li doners n'est or pas à point ;
A ceste foiz n'en aurez point,
Se on ne me le tolt ou emble.
— Biaus douz filz, toz li cuers me tramble
Et je redout tant la froidure ;
Done moi une couverture
De qoi tu cuevres ton cheval,
310. Que li frois ne me face mal. »
Cil, qui s'en bée à descombrer,
Voit que ne s'en puet delivrer
S'aucune chose ne li baille :
Por ce que il veut qu'il s'en aille,
Commande son fil qu'il li baut.
Quant on le huche, l'enfes saut :
« Que vous plest, sire ? dist l'enfant.
— Biaus filz, fet-il, je te commant,
Se tu trueves l'estable ouverte,
320. Done mon père la couverte
Qui est sus mon cheval morel.
S'il veut si en fera mantel
Ou chapulaire, ou couvertor ;
Done li toute la meillor. »
Li enfes, qui fu de biau sens,
Li dist : « Biaus taions, venez enz. »
Li preudon s'en torne avoec lui,
Toz corouciez et plains d'anui.
L'enfes la couverture trueve ;
330. La meillor prist et la plus nueve,
Et la plus grant et la plus lée ;
Si l'a par le mileu doublée.
Si le parti à son coutel
Au miex qu'il pot et au plus bel ;

Éche fiu, qu'i ne veut rien donner,
i li dit : « Mon pére j'én'n ai point ;
j'éne peux donner qu'éche qué j'ai ;
à che moment-chi, os n'érez rien de mi,
à moins qu'o vienche éme voler.
— Men fiu, men cueur i tranne
pace éque j'ai peur du froid ;
donne-mé enne couverture
comme tu mets dessur ten guevo
310. pour qu'éle froidure n'éme prenche point. »
Éche fiu, qu'il avoit gra-faim de s'en débarracher,
i voit qu'i ne porro nen venir à bout
qu'en li donnant tout de mumme quéte cosse ;
come i veut qu'i s'en voiche,
i quemanne à sen fiu de li donner ;
quant i le buque, éche quiout il accourt :
« Plaît-ti, papa ? qu'i foit l'l anfant.
— Men fiu, qu'i dit, éje t'équemanne,
si tu troufes éle porte d'él'l écurie ouverte,
320. d'apporter à mon pére éle couverte
qu'éje mets dessus le dous de men gueveu noir ;
i porro nen foire in mantieu,
in capuchon o bien enne couverture ;
tu li donneros le meilleure éde toutes. »
Éche quiout, qu'il avoit du boin sens,
i dit à sen grand-pére : « Mon pére, venez lò-dedens. »
Éche viux homme i s'en vo aveuc li,
bien clabeut pi bien triste.
Éle l'anfant i troufe ches couvertures ;
330. i coisit le meilleure, éle pu neufe,
éle pu lonque pi lé pu larque ;
il l'o ployèe en deux da le mitan,
et pi il l'o copèe aveu seu coutieu,
du miux pi le pu properment qu'il o peu ;

Son taion bailla la moitié.
« Biaus filz, fet-il, que ferai-gié ?
Por qoi le m'as-tu recopée ?
Ton père le m'avoit donée.
Or as-tu fet grant cruauté,
340. Que ton père avoit commandé
Que je l'éusse toute entière ;
Je m'en irai à lui arrière.
— Alez, fet-il, où vous voudrez,
Que jà par moi plus n'en aurez. »
Li preudon issi de l'estable :
« Filz, fet-il, trestout torne à fable
Quanque tu commandas et fis ;
Que ne chastoies-tu ton fils
Qu'il ne te doute ne ne crient ?
350. Ne vois-tu donques qu'il retient
La moitié de la couverture ?
— Va, Diex te doinst male aventure !
Dist li pères ; baille li toute.
— Non ferai, dist l'enfes, sanz doute ;
De qoi seriiez-vous paié ?
Je vous en estui la moitié,
Que jà de moi n'en aurez plus.
Se j'en puis venir au desus,
Je vous partirai autressi
360. Comme vous avez lui parti.
Si comme il vous dona l'avoir,
Tout ausi le vueil-je avoir,
Que jà de moi n'enporterez
Fors que tout com vous li donrez.
Si le lessiez morir chetif,
Si ferai-je vous, se je vif. »
Li pères l'ot : parfont souspire ;
Il se repensse et se remire.

i n'n o donnè le mitan à sen grand-pére.
— Men quiout, qu'i dit, quoi qu'éje nen ferai ?
A cœusse éque tu m'él'l os copèe ?
Ten pére i m'éle donnoit tout ronne.
Tu viens de foire enne rute movaisetè
340. pus éque ten pére il avoit quemandè
qu'éje l'euche tout granne ;
éje m'ons aller éle l'éretruvoir.
— Allez iou qu'os volez, qu'i répond,
jamois j'éne vous n'n en donnerai pus. »
Éche grand-père il o sorti d'él'l écùrie :
« Men fiu, qu'i dit, o se fout point mal
éde tout che qué tu quemannes pi que tu fois ;
tu ferois bien de plamuser ten fiu,
qu'i n'o point peur éde ti ;
350. éne vois-tu point qu'il o wardè
le mitan d'éle couverture ?
— Marche, qu'éle bon Diu te puniche !
qu'i dit sen père ; donne-li don toute.
— Nan, je n'éle ferai point, qu'i répond che quiout ;
quement qu'os nen seroites poyé ?
Je vous n'n ai wardè le mitan,
je n'en donnerai jamois pus.
Si je peux arriver à vou ache,
éje vous donnerai che mitan-lò,
360. comme vou père il o l'eute mitan.
Comme i vous o dònnè tous ses biens,
éje veux avoir toute aussi ;
os n'érez jamois de mi rien
qu'éche qu'os li donnerez ojord'hui ;
si os le laissiez moirir malhéreux,
éje vous ferai pareile si je vis. »
Sen père il l'acoute ; i foit in grous soupir,
i se rapense, i rebeie da se conscienche.

Aus paroles que l'enfes dist,
370. Li pères, grant example prist ;
Vers son père torna sa chière :
« Pères, fet-il, tornez arrière ;
C'estoit anemis et pechié
Qui me cuide avoir aguetié ;
Mès, se Dieu plest, ce ne puet estre.
Or, vous faz-je seignor et mestre
De mon ostel à toz jors mais.
Se ma fame ne veut la pais,
S'ele ne vous veut consentir,
380. Aillors vous ferai bien servir ;
Si vous ferai bien aaisier
De coute-pointe et d'oreillier.
Et si vous di, par saint Martin !
Je ne beverai mès de vin,
Ne ne mangerai bon morsel
Que vous n'en aiez del plus bel ;
Et serez en chambre celée
Et au bon feu de cheminée ;
Si aurez robe comme moi.
390. Vous me fustes de bone foi,
Par qoi sui riches à pooir,
Biaus douz père, de vostre avoir. »
Seignor, ci a bone moustrance
Et aperte senefiance
Qu'ainsi geta le filz le père
Du mauvès penssé où il ère.
Bien se doivent tuit cil mirer
Qui ont enfanz à marier.
Ne fetes mie en tel manière.
400. Ne ne vous metez mie arrière
De ce dont vous estes avant.
Ne donez tant à vostre enfant

chan que sen quiout i vient de dire,
370. ha sert d'exampe à sen pére ;
cheti-chi i s'éretorne édèvers sen pére :
« Mon pére, qu'i dit, érevenez ;
ch'étoit le diape qu'i me foisoit pécher
en éprouvant d'éme tenter ;
mais, grace à Diu, ha ne sero point.
Éje vous fois seigneur et pi motte
d'éme moison à tout jamois.
Si ha ne plaît point à me fame,
si a' ne veut mie vous surporter,
380. éje vous ferai songner ailleurs ;
j'éne vous laisserai manquer d'érien ;
os érez courpointe et pi orillier.
Éje vous le jure, par saint Martin !
j'éne buverai jamois de vin,
j'éne mengerai jamois in boin morcieu
qu'os n'n eussiéche éle meilleure part ;
os serez d'enne chamme bien frummèe ;
à in boin fu de queminèe ;
os érez d's habits comme les miénes.
390. Os avez 'té boin pour mi ;
si je sut venu si riche,
mon pére, ch'est par tout che qu'os m'avez donnè. »
Messieus, éle l'histoire-lò o enne boine morale
pi enne béle signification ;
éche quiout il o empéchè sen pére
éde foire enne movaise action.
Tous cheux qu'il ont d's anfants à marier
i devraint bien réfléchir édevant.
Éne foites point pareile,
400. éne vous défoites jamois
de tout chan qu'os avez.
Ne donnez jamois à vous anfants

Que vous n'i puissiez recouvrer.
L'en ne se doit mie fier,
Que li enfant sont sans pitié ;
Des pères sont tost anoié
Puisqu'il ne se pueent aidier.
Et qui vient en autrui dangier
Molt vit au siècle à grant anui.
410. Cil qui vit en dangier d'autrui,
Et qui du suen méismement
A autrui livroison s'atent ;
Bien vous en devez chastoier.
    Icest example fist Bernïer,
Qui la matère enseigne à fère.
Si en fist ce qu'il en sot faire.

qu'éche qu'os porrez repréne.
O ne doit jamois se fier
à ches anfants qu'i sont sans pitiè ;
de leu pére i sont bientout embétès
quant i ne peute-té pu z'z aidier,
et pi qu'i leu donne-té de l'embarros.
Os o souvent da le monne bien du torment,
410. quant o dépend d'éz'z eutes,
et pi mumme éque pour sen bien
os est obligè d'avoir érecours à eux,
Tenez-vous-en pour avertis
   Bernier qu'il o foit él'l exampe-lò
i vous ensinne chan qu'os avez à foire ;
il l'o écrit comme il o peù.

III

L'ORACHE

Ce morceau, qui a paru sans nom d'auteur dans un almanach
d'Amiens dans la première moitié du dix-neuvième siècle, a
été reproduit par l'abbé Corblet dans son Glossaire ; ce petit
chef-d'œuvre est remarquable par « le pittoresque de l'expres-
sion, la variété des cadences et l'harmonie imitative ».

Ch'étoit da ches cœuds jours équ' laissiant quér' leus fanes
Ches blès i meurissaint emmi ches camps tout ganes ;
Pourpensant sur men quest, éje poussois men royon ;
Mais vlo qu'in grous hernu cairriè pa l' vent d'amont
Buque in cœup qu'i randonn' jusqu'au fond d' ches vallèes
Et foit gambillonner ches bét's éparveudèes.
Ches ap's i s'én'n émut' ; tout ch' bous i nen frémit.
Longtans, da ches montinn's, ol l'aouit qu'i breuït.
Tout s' quatit, pi, pu rien. Tout o bouchè s'n haleine :
Chimentiére et lusets n' sont point pu muets qu'él' plaine ;
O diroit qu' tout attend, transi, gairlottant d' peur,
El' débaque effroyap' qu'i vo foir' nou malheur.
Portant, ches laboureus ont beyè par driére :
Ech' nouach' monte, i s' rétend, i s' gonfe ; él' vent d'arriére
I s' flanque éd' dens, l'l ahoqu', da des noirs torbillons
I l' bahute éd' bistrac comme enn' pingni' d' flacons.
El' jour s'étoit foit veup' ; bondè d' grêle, éd' tempétes,
Ech' hernu s'aplonquoit, s'apounoit d'sur nous tétes.
O détéle au pu rate au mitan d' sen soyon.
O démar' sans guigner pour rattraper s' moison.
Ches gu'vos, comm' des mawais, l' long d'éch' qu'min s'émouquainn'te,
I teut'té ches cailleux ; comme éd's épaf's i b'zinn'te.
Tout d'in cœup, in éclair comme enn' feuchile éd' fu
Cop' ches nuèes d' bistencuin et vient frôler mes yux.
Ech' tonnerr' buque et claque et s' trondél' da ches nouaches ;
El' pleuf' à grous battants quet, cliquèt' men visache.

Enn' veudois' noirte éd' poure, éd' graviers ramassès
Muche éch' qu'i reste éd' jour, s'accoute éd'sur ches blès,
S'y grinche et les tortinn', pi, comme aveu des t'nailes,
Les dérache et da l'air foit viroler ches pailes.
Ah ! su ch' qu'i nen restoit, des grêl's comm' des moélons
S' dégrinch'-te en cliquotant et s' décairqu'-te à foison.
J'ai vu, Pierre, oui, j'ai vu tous les pein's d'ém'n énée
Ploutrèes comme enn' grand'route ou bien écoulinèes.
Ches ieux mordaint ches riouts, et, d'en bos d' tous ches camps,
Da ch' fonsè qu'i r'gorgeoit, seutaint en gargouillant.
Portant, j' rent' pa ch' cortil, noyè jusqu'à m' casaque ;
Vlò qu'in eut' cœup d'hernu tout auprés d' mi s' déclaque ;
J' beyois tout ébeuhi ; in plet d' fu d'in bleu roux
Quet, clique et claque, écliff' men gœuguer d' bout en bout.

IV

TRISTESSE

———

*La jolie pièce qui suit a également paru d'abord aussi sans nom
d'auteur dans un almanach d'Amiens et fut reproduite par
l'abbé Corblet, qui la donne avec raison comme un modèle du
genre par les nombreuses comparaisons qu'elle renferme.*

Vous qu'os v'nez tout chaqu' nuit danser autour d'ém' téte,
Quoi qu'os êt's don dév'nus, viux reuf's éd' men join' tans ?
J'ai pressè chaqu' plaisi *comme o presse enn' poir' blette,*
    Et j'ai coir' soi *tout comme éd'vant.*

Ej' sut tout' seule à ch'-t'-heure, *ercrann' comme enn' grand'mére;*
Ej' march' *froid' comme in mort,* in mort qu'i peut marcher ;
J'ai peur d'éch' tans qu'i vient, et ch'ti-chi m' désespére ;
    Ej' vorois m' vir da in luser.

Comme in pofe orphélin qu'o r'tire éd' mén s'n norriche,
Ej' sut sevrée d' tout... Os est vite obliè.
Et comme enn' pumme éd' tére 'qu' l'hiver rend ieniche,
    J'ai vu men bonheur gadrouillè.

Si j'povois ér'qu'mencher ! Ch'est l' pu vilain d' mes reufes ;
I m' tient par men cotron, et tout partout j'él' vois
Comme in conterbendier qu'i n'o point foit ses preufes
Voit partout in potieu d'octroi.

Pu rien d' men bieu passè ! Pu personn' qu'i m'ér'beiche !
J'ai vu quér' mes honneurs in à in sur men kemin,
S'en aller tour à tour, *comme o voit, piéche à piéche,*
S' décœude in habit d'Arléquin.

Ej' sens mes g'noux ployer... Mes mains s' joint' sans forche ;
J' vois qu'él' bon Diu d'vient sourd et qu' j'érois bieu le prier.
Comme in couiller à cleus, comme in vrai couiller de forche,
Mes souv'nirs vient'-té m'étranner.

Et men cueur est désert *comme enn' carette à wite ;*
O n'entendro pu d'mi qu'in long cri lamentape.
Ej' m'en vos tant qu'éj' peux ;... j'sens qu'ém' povre ame est wite,
Wite comme él' bours' d'in contribuape.

Si j' povois m' rajoinir *comme in viux v'lours qu'o r'plonque,*
Car chaquin s' sove éd' mi *tout comme d'éch' corbillard...*
I n'ém' rest' point d'amis, d' parents, d' frére o bien d'oncque,
I n' m'en reste mie pour in liard.

V

Dialogue curieux et intéressant
entre deux Picards
concernant la ville et l'église d'Amiens.

(XVIII° siècle.)

———

COLOS.

Diu te warde, grand Gleude ! T'en revos-tu d'éle ville ?

GLEUDE.

Oui, Colos, aveu l'aide éde men beudet. Et ti ?

COLOS.

Mi aussi. Opignion qu'i sero la brunne quant os arriverons, pace qu'éche soleile il est déjò bien bos, à che qu'i me sanne.

GLEUDE.

Tu reviens d'Amiens ? Qués affoires avois-tu lò, Colos ?

COLOS.

Éje n'avois jamois vu le ville d'Amiens ; i m'o prins enne frénésie dé y aller.

GLEUDE.

Tu n'est wère curieux. Dis-mé in molet quoi que t'os vu de bieu.

COLOS.

Ah ! bien, i n'o des moisons par chi par lò et pi enne rue au mitan ; seulément, ches moisons i sont in molet peu béles qu'à nou villache ; i nen o qu'i sont foites tout comme éche catieu de nou monsieu aveu des grannés portes comme pour passer des cars.

GLEUDE.

Tu t'abuses, hè, grand Colos ; i n'o mie de laboureus da ches villes pour é y avoir des cars.

Colos.

J'én'n ai portant vu tout plein, seulement, i ne sont mie foits comme cheux d'ichi ; i sont bien montès dessur quate reues, et pi da le mitan de ches quate reues i n'o in bahut de cuir noir aveu des cleus gannes ; par en dedens, h'est doublè de tirelaine. I n'o deux portes éde voirre à che bahut ; sur ches deux reues d'édevant, i n'o in varlet assis dessur in banc comme in précaire aveu in morcieu de tapisserie desous ses fesses peur qu'ba l'l affole. Ches varlets d'éle ville i sont bien heureux ; s'i leu folloit monter à guevo à poil comme os foisons, il éraint bougrément leu cul écorchè. Èche n'est mie toute. Ches monsieus et pi ches madames i se font cairrier lò-dedens avant le ville ; i sont pu d'en mitan fous da ches villes aveu leus barnachures. I feut qu'éje té foiche rire. J'éne n'n ai vu in iou qu'i n'avoit enne madame édedens qu'al avoit in cotron si larque qu'in ven, cherclè comme enne futaile ; èche bahut il étoit troup quiout ; sen cotron i li remontoit jusqu'à sen cou ; i nen avoit in bout qu'i passoit par unne éde ches portes éde voirre ; ha besoit comme enne granne gueule éde leu.

Gleude.

Al étoit don lò-dedens assis à cul nu ?

Colos.

Nou foit. Je pense qu'al avoit enne quemisse pace qu'i n'avoit in monsieu devant elle qu'il éroit vu tous ses povertès.

Gleude.

Ch'est-jou lò tout chan que t'os vu de bieu ? N'os-tu point 'tè vir éle béle églisse et pi le Vierche qu'os appéle Noter-Dame éde Foi ?

Colos.

Si foit. Ch'est le prummiére chosse éque j'ai foit en arrivant Amiens. I n'o devant le porte d'éle l'églisse-lò enne granne moison qu'al est foite comme enne ferme ; i n'avoit devant le porte et pi par da ches rues tant de carrès de feurre et pi de fummier éque j'éme sut dit en mi-mumme éque ch'étoit le moison d'in grous marchand de bétaile ; i feut qu'i n'euche lò de béles bergeries pi de belles étapes à vaques ; i m'o prins l'envie d'aller acheter enne vaque. I n'avoit dessus le seul d'éle moison-lò in varlet assis aveu enne casaque verte ; éje croyois que ch'étoit che vaquer, pace qu'il avoit enne bendouliére édessus s'n épeule qu'a' li repassoit pa-dessur sen bros comme pour pêne in cornet à vaques ; éje li dis :

— Camarate, ch'est-jou point ichi le moison d'in grand marchand de bétaile ?

Éje fus bien ébeubi quant i me dit :

— Passe ten quemin, bè, grand nigœud ; ch'est le moison de l'intendant.

Éje li dis :

— Escusez-mé, monsieu ; éje croyois que ch'étoit ichi enne bergerie ou bien d's étapes à vaques. A cœusse qu'i n'o tant de feurre pi de fummier à le porte ?

I m'o répondu que ch'étoit le dame d'éle moison qu'al étoit accouchèe ; qu'os épardoit du fien su che pavè pour empêcher ches carrettes éde foire du tintamarre et pi de li foire du mo à se téte. Éje n'ai ieu warde d'édemander men reste. J'ai décœuchè mes seulers pour éne point tant foire éde bruit su che pavè, et pi j'ai couru comme in ieufe à pieds décœux tant que j'ai été bien loin.

Gleude.

T'os bien foit, pace éque l'intendant il éroit 'tè capape d'éte foire mette en prison.

Colos.

En me sovant, j'ai passè par éche marché as glinnes. J'ai vu enne granne béne éde gens qu'il avaint des ropes noirtes et pi des bonnets comme nou curè, seulement, leus manches il

étaint in molet pu larques ; il avaint tertous des grossés bottes
éde canfe édessur leu téte, qu'os avoit touillèes da d'éle frinne
pour leu servir éde cavieux ; i montaint d'in grand batiment
comme enne églisse ; jé y ai montè ossi driére eux pour vir
quèche qu'alloit, qu'i venoit, qu'i tornoit ; i me sannoit à vir
qu'i besaint le pocession ; i n'avoit portant ni croix ni ieu
benite. Portant, j'éme sut mis à genoux devant enne capéle
qu'al étoit lò tout prés ; i nen o ieu in qu'i s'est déclaquè à
rire en me disant :

— Éche n'est mie ichi enne églisse ; ch'est l'endroit iou
qu'o plaide.

En mumme tans, i nen o ieu in qu'i s'est mis à taper des
cœups de pied dolong le porte. Si t'avois vu tous ches grannes
ropes noirtes courir comme enne volèe d'étorgnieux !... i se
rengeaint lò d'enne chamme tout prés sur des quiouts bancs
comme des graines d'ognon ; ches mottes il étaint assis pu
heut ; ches baillis da ches cuins ; au mitan de tous z'z eutes,
os o foit sinne à in qu'i s'est mis à lire in papier ; tout de
suite, in eute i s'est mis à plaidier ; i piquaint l'in conte l'eute
comme deux aragés ; i parlaint in langache éde diape.

GLEUDE.

Il'étoit pet-ête du latin.

COLOS.

Il'étoit coire pire éque du latin.

GLEUDE.

Tu n'os don rien entendu de chan qu'i plaidiaint ?

COLOS.

Si est. Opignion que ch'étoit pour enne bataile, pace qu'i
nen avoit in qu'i disoit qu'ol l'avoit foit assasiner *(assigner)*
dolong enne porte par un sergent aveu enne masse ; l'eute
disoit qu'o li avoit baillè in cœup de pied da les parties ; i feut

qu'o li eut baillè un rude cœup de pied, pace qu'i crioit comme
in possédé : « Ma partie !... Ma partie !... » En mumme tans,
èche bailli i s'est levè tout en colère ; i leus o dit que ch'étoit
deux damnès, qu'o les mettroit hors d'éle cour aveu leu
procés. Eje m'en sut sovè bien rate, pace qu'éje croyois qu'i
se seraint coire battus da le cour si o n'y eut point mis les
holo. I sanne à vir, beie, qu'i s'en vont se batte, et si o dit
qu'en sortant de lò i vont boire enne potèe comme d'érien.

GLEUDE.

Ch'est-jou lò tout chan que t'os vu ? N'os-tu point 'tè vir éle
béle églisse qu'al est si heute ?

COLOS.

Si est, j'ai 'tè le vir ; al est rudement heute ; i feut qu'i
n'euche bien des saints d'in si grand voissieu ; i m'éroit follu
coucher Amiens si j'avois volu z'zé compter tertous ; seulement autour d'él'l église, i nen o tant que s'il étaint entassès
l'in sur l'eute, i nen éroit aussi heut qu'enne moie de fagouts ;
i nen o des viux, i nen o des joines, i nen o des grands, i nen
o des moyens, i nen o des quiouts, i nen o qu'il ont des bou-
querlinne, i nen o qu'i sont tout nus, i nen o qu'il ont da leus
mains des fers, des martieux, des épinches, des fers à cairrue,
i nen o in qu'i porte enne englumme édessus se main.

GLEUDE.

Il étoit don rudement fort écheti-lò, qu'i porte enne en-
glumme édessus se main ?

COLOS.

Che n'est point lò le raison ; à men sens, je pense qu'ha
représente éle vacation qu'il étaint pace qu'i nen o qu'i sont
noirs comme des cairbongniers.

GLEUDE.

Ch'est pet-ète des diapes éque l'os prins pour des saints.

COLOS.

Nou foit. J'éz'z ai bien ravisiès : i n'ont mie de cornes. A l'entrèe d'él'l églisse, i nen o deux qu'i sont couchès dessur des lits de fer ganne ; il ont desous leu dous quate grosses bétes qu'i saque-té leus dents comme des serpents. I n'o enne ren- guie de sifflets de fer-blanc attaquès à le muraile ; quant o jue, ha foit in train pu fort qu'éle pipe éde nou berger ; chan qu'i me surprend, ch'est qu'o ne voit point cheti qu'i siffe édedens pi qu'i z'zé foit juer.

GLEUDE.

Éne crois-tu point, diape d'ahuri, éque ch'est in homme qu'i siffe da tous ches sifflets ?

COLOS.

Quement qu'ha se porroit-ti foire auterment ?

GLEUDE.

O dit que ch'est des grous souffloirs éde maricho qu'il ont des manches comme des limons à cairrette qu'i font juer tous ches sifflets-lò.

COLOS.

Quant éje t'acoute, tu me fois rire. Tous ches souffloirs éde ches marichos d'éle ville pi de ches feubourgs i ne suffiraint mie pace qu'i n'o pu de cinq chents sifflets.

GLEUDE.

N'os-tu point rencontrè de ches grous curès qu'i se promène- té da l'l églisse ?

COLOS.

Si foit. J'ai vu foire éle pocession ; i nen o enne rute béne ; i nen o pu de chinquante. Ch'est des grous blites qu'il ont enne trongne ; i sont gros comme des porcheux ; il ont tertous des pieux de vieu dessur leu bros peur d'avoir froid à leus mains ; i s'enfrumme-té d'in endroit au bout d'él l'églisse pour canter, iou qu'i n'o enne porte éde fer cranquillée ; i nen o in qu'il est toujours à le porte pour leus ouvrir ; il o enne lonque rope et pi in collet comme in marister. I sont lò tertous assis da des boîtes. I nen o qu'il ont des voix qu'i font tout tranner ; éche quien de nou rechuveu i n'aboie point pu fort. I nen o deux qu'i se promène-té dal'l églisse aveu deux grands bordons blancs da leu main. Tandis che tans-lò, i nen o enne vingtaine qu'i cante-te autour d'in ésieu. I nen o in qu'il o enne béte noire da ses mains ; i le dégatoulle pa-desous se panche pou le foire crier ; il o des quiouts anfants qu'il ont leu téte pelée comme des tigneux aveu des pissatiers rouches et pi enne quemisse pa-dessur ; il ont des voix finnes comme des alénes : i se cope-te en deux pour canter pa-dessus ches grous ; seulement, i ne s'entende-té point pace qu'i nen avoit in qu'i tapoit dessur eux aveu in grand cornet de papier blanc pou z'zé foire taire ; ches quiouts aragés i criaint coire pu fort. I nen o in qu'i foit aller ses doigts dessur in coffe comme des quiotes marionnettes éde fil d'arcal, et pi os entendoit da che coffe in tintamarre comme si n'avoit ieu tréne-six quiouts cots qu'i miolaint.

GLEUDE.

Os appéle ches machines-lò des instruments de musique.

COLOS.

Fuche ! Éle musique-lò al avoit perdu l'esprit. Pour mi, ha ne m'o point sanné bieu du tout ; j'aime miux enténe canter nou marister. Éje t'asseure éque si j'érevos Amiens, j'irai putout enténe canter le grand'messe à ches Capuchins qu'i cante-té miux que tous ches braillards-lò. Adiu, Gleude ! Vlò ches haies de nou villache ; vlò ten quemin pi vlò le miéne. J'éme renvoie par driére pour éte putout à nou moison. A revir ! Enne eute fois, os n'en deviserons pus à loisi.

VI

Autre dialogue sur le même sujet.

Le dialogue suivant est un remaniement du précédent, qui date du premier quart du dix-neuvième siècle ; il est extrait, ainsi que les deux morceaux qui lui font suite, d'un recueil sans nom d'auteur intitulé : *Pièces récréatives ou le patois picard*. Gibitonne, 1823, in-12, 24 pp. Ce recueil a été plusieurs fois réimprimé à Amiens et à Beauvais.

GLEUDE.

A propous, éche copére, ioù que ch'est que tu t'n allois, l'eute jour, si bien écarbouillè dessur ten beudet ? T'avois l'air d'in prélot ; si t'avois ieu te béle jupe-laine éde toile blanque et pi tes cœuches éde tiretaine aveu in quiout molet de frinne su te tète, o t'éroit prins, sans comparaison, pour in monsieu ; t'étois enfiquè dessur ten beudet comme enne poire éde pinchettes su le dous d'in quien. Iou que ch'est que t'allois don si bien équipè ?

COLOS.

Ma foi, men copére, éje m'en allois Amiens.

GLEUDE.

Dis-mé in peu, foit-ti bieu lò ?

COLOS.

Bè, men copére, i feut penser qu'i n'o point de villache da che poys-chi d'éle tornure-lò.

GLEUDE.

Quoi que tu y allois foire ?

COLOS.

Jé y allois pour in higre éde massaque éde procés qu'i me foit arager. Portant, je crois que j'éle gaingnerai, pace qu'i

n'o de braves gens qu'is y besongne-té rudement ; ch'est, ma
foi, des gens d'affute ; il ont des justaucorps tout embarbouillès
d'argent ; il ont des perruques su leu téte entiquèes comme des
bottes d'éteule ; il ont des fames si béles pi si bien norries
qu'il ont d'éle graisse tout jusqu'à leus talons.

GLEUDE.

Dis-mé in molet quement-jou qu'Amiens est foit.

COLOS.

Bè, men copére, i n'o mie de villache da che poys-chi si
chenu qu'écheti-lol. In quiqut molet devant d'y rentrer, j'én'n
étois tout ébeubi à forche éde vir des moisons, pi des cloquers, et pi ches couvertures éde ches moisons ch'étoit ni pu ni
moins éque flans grillès ; ches cloquers il étaint d'enne diante
éde heuteur ; j'étois éberlurè de vir tous ches mounets grimpès
tout au bout dessur des croix de fer. J'ai avanchè coire in
molet pu loin ; j'ai vu lo des fonsés comme des grannés vallèes.
Aprés l'lo, je sut rentrè par enne porte qu'al étoit foite par en
heut tout fin tout comme éle porte éde nou églisse. Aprés le
porte-lò, j'ai ravisiè des rues tout de bout en bout perchèes
tout de travers ; i n'o tant de cailleux dedens et pi i sont si
bien arrengès à tére éque tu ne mettrois point ten pied à tére
éque tu n'éle poserois dessur in cailleu. I n'o tant de moisons
qu'i sont attaquèes ensanne tant qu'i nen o ; i sont pleines
éde voiriéres édepuis en bos jusqu'en heut ; i feut, mordiu !
éque j'euche foit pu de cinq chents rues pour trouvoir éle
moison de men monsieu ; j'én'n étois tout ébeubi à forche
éde vir des moisons. D'in cœup, je rencontrois des ormoires
tout noirtes iou qu'i n'avoit des monsieus pi des mademoiséles
édedens ; i n'avoit quate reues tout comme à ches cars ; aprés,
je voyois des monsieus et pi des mademoiséles qu'i marchaint
à tére tout comme mi, seulement il étaint si legères qu'il éraint
scutu pa-dessur éche cloquer de nou villache ; il avaint des
baïonnettes à leu côté comme éche coute d'éche binout de nou
fermier. A la fin, à forche éde piétiner, éje sut arrivè à le

moison de men monsieu ; en arrivant, i m'o foit rentrer d'enne
étape à papier. Men pofe copére, i n'o tant de papier d'écriture
tout entassé dedens, tant de lifes édedens, i nen o qu'i sont
coire pu grous qu'écheti que nou marister i cante édedens.
Sitout que j'él'l i ai ieu conté m'n affoire, j'éme sut en allè ;
j'éme sut décantornè par enne rue iou que j'ai ravisiè lò unne
des pu grosses églisses qu'éje n'ai jamois vue d'éme vie. I n'o
des saints qu'is y sont par gronnèes ; i feut qu'i fuche-te
ahoquès l'in sur l'eute tant qu'i nen o ; i n'o lò surtout in
grous blite qui m'o le minne d'ète pu fort qu'in de ches guevos
de nou brasseu ; il o enne téte comme enne trongne, des yux
si grands qu'éle calotte éde nou curè ; sen nez ch'est sans
comparaison comme enne quiote ruque ; ése bouque, ch'est
comme enne cœudiére ; ses dents, ch'est ni pu ni moins que
des flagcolets ; sen menton, ch'est comme in talon de botte ;
l o enne panche comme enne étape à vaque ; ses cuisses, ch'est
comme des apes tornants ; ses gammes, ch'est comme des
poutes ; ses pieds, ch'est comme des sos de troupe ; b'est bien
tombè qu'il est à pieds décœux, pace éque s'i li folloit des
galoches, i ne gny en foroit, ma foi, comme des péquerets ; o
mettroit ten beudet da l'unne et pi le miéne da l'eute ; oh !
ch'est in molte estafier. Aprés l'lo, j'ai 'tè à l'l églisse ; i n'o
enne porte d'enne heuteur endiablèe ; quant i n'éroit deux
chents de warots de bisaile d'in car,o n'atteindroit po coire en
heut ; i n'o mordiu-lò in bieu tassis ; i n'o mie de villache da
che poys-chi d'éle grandeur-lò ; os y entasseroit tous ches blès,
z'z avcines, z'z éteules éde tout nou poys.

GLEUDE.

Est-elle bien si granne et pi si larque qu'éle granche éde
nou fermier ?

COLOS.

Oui, je t'en fous ! Ch'est bien eute cosse ; al est bien d'éle
tornure-lò ! Al est enne fois pu larque, deux fois pu lonque,

trois fois pu heute qu'éle granche éde nou fermier, pus éque
j'én'n avois du mo à men cou à forche éde beucher me téte
pour vir éche combe. En beyant en heut, j'éme sut cham-
buquè mes gammes à l'enconte éde deux saints qu'i sont
couchès à tére, leu panche en heut, dessur des lits de fer ganne;
ches pieds de ches lits ch'étoit, ma foi, des quiens mawais.
Aprés que j'ai ieu beyè l'lo, j'ai guignè en heut ; i se sont mis
à foire des pets dessus me téte ; i feut, mordié ! qu'i n'n euche-
té pétè pu de cinq chents. Jerni ! men copére, qu'o pète
mignonnement Amiens ; os entendoit des quiouts culs, des
moyens pi des grous ; ha jouoit coire bien miux qu'éle pipe à
mener de nou berger. Quant j'ai ieu bien acoutè tout l'lo,
j'éme sut en allè au fond d'él'l églisse : j'étois recranne qu'éje
n'étois coire qu'en mitan ; à la fin, je n'en voyois point le bout
à forche qu'al est lonque ; j'ai ravisiè enne porte qu'al étoit
foite comme in hecquet ; j'ai guignè par ches brocreux.

GLEUDE.

Quoi que tu veux dire par ches brocreux ?

COLOS.

Ch'est des bâtons croquillès ensanne qu'o voit clair au travers. En guignant don par ches brocreux, j'én'n ai ravisiè
lò quator ou quinsse qu'il aboyaint comme éd's aragés à l'entour d'enne poule d'Inne ; i nen avoit des quiouts qu'il avaint
des pissatiers rouches ; il étaint tondus comme des tigneux ; il
avaint d's éreiles comme des roulettes à binout ; ches quiouts
bigres-lò i besaint des cris comme des séris. I nen avoit qu'i
cantaint in molet pu grous ; d's eutes, coire pu grous ; i nen
avoit surtout qui m'échouïssaint quant i venaint à *Amen* ou
bien à *Et cum espiritu tuo ;* ches bigres éme copaint en deux.
I nen avoit in au mitan qu'il avoit in baton blanc da se main ;
i rouoit dessur tous z'z eutes pour ez'zé foire taire ; pu fort i
rouoit, pu fort i criaint. I nen avoit in eute qu'il avoit enne
grosse béte tortusse ; al étoit entorsillée da ses bros ; i le

dégatouilloit pa-desous se panche ; al foisoit in bruit de démon
d'enfer. I nen avoit coire in eute qu'il avoit in outiu foit
comme enne batte à fleyet ; i donnoit des quiouts cœups de
doigt dessur, al sonnoit comme des pets de quien. I nen avoit
coire in qu'il avoit comme in palout à enforner des flamiques ;
i le tenoit d'enne main par éle manche et pi de l'eute il avoit
in cherque à tirer flèche qu'i frottoit dessur à tire la Rigout ;
ha foisoit in bordonnement, sans comparaison, comme des
mouques à mié quant i sorte éde leu ruque. I nen avoit coire
deux eutes qu'il allaint et venaint, il étaint sans arret ; il
avaint dessur leu dous enne casaque pleine éde piéches rouches,
vertes et pi gannes comme éche mantieu de nou berger ; il
avaint coire da leu main des grous batons tout droits aveu des
quiotes lanternes au bout. A ches deux cotès d'él'l églisse. i
n'avoit des grous curès assis da ches tribunals éde pénitance ;
il avaint des faces comme des lunnes ; il avaint des pieux de
cot dessur leu bros ; i nen avoit surtout cinq-six à l'entour
d'él'l autel qu'i plonquaint comme ches poules d'Inne quant
i vont couver ; i randissaint à l'entour d'in qu'il avoit da se
main in grand bâton ganne tortu par éche bout ; il avoit in
long bonnet fendu su se téte ; ch'étoit ni pu ni moins qu'éche
souffloir éde nou maricho ; i m'o sannè à vir qu'i ne savoit
wère sen métier, pace qu'i li folloit, ma foi, d'éle chandeile en
pleiu midi pour lire da seu life ; i laissioit foire toute comme
o voloit ; ils l'habillaint, ils l'enbairniquaint ni pu ni moins
qu'in guevo.

Vlò tout chan que j'ai vu da le ville d'Amiens. Quoi que tu
nen dis, men copére ?

GLEUDE.

Tu m'en bailes appétit dé y aller. Nous gens il iront demain
mener nou vaque à toire ; quant al éro vélè, j'irai porter sen
vieu Amiens et pi os nen pallerons nous deux. Adiu, che
copére. I n'o aussi loin de chez mi chez ti comme i n'o de chez
ti chez mi.

VII

Sermon picard de messire Grégoire.

————

Reddite quæ (ergo) sunt Cæsaris Cæsari, et quæ sunt Dei Deo. (Matth., Ch. XXII, v. 21.)
(Rendez à César ce qui est à César et à Dieu ce qui est à Dieu).

Eh bien, mes boins amis, éme vlo ichi à che-t-heure. Quoi qu'os nen disez ? I feut, ojord'hui, qu'éje vous prêche et pi qu'éje vous retireche éde ches beues ioù qu'os êtes queuts tertous, pi qu'éje vous remèche da vou droit quemin ; ch'est men devoir ; acoutez, j'y sut obligè à cœusse éde men métier. Foisez don silence, merdaile ; ouvrez bien vous yux et pi débouchez vous éreiles pour bien aouir éle parole dé Diu ; égargatez-vous tertous de canter à le bénoite Vierche *Ave, Maria*.

Ppemier point.

Reddite, mordinbleu ! *quæ sunt Cæsaris Cæsari, et quæ sunt Dei Deo*.

Disez-mé in molet quoi qu'ha veut dire.

Ha veut dire qu'i feut aller sen droit quemin, point par ches quiouts sentiers.

A che-t-heure, je m'ons vous débarbouiller l'lo nettement.

J'éne peux mie me taire éde vir tout chan qu'os besez. Eje voirai-ti coire rentrer da le moison de Diu tous ches mameséles aveu leu musieu muchè d'in masque éde velours treuvè, par iou qu'i beite comme des cots qu'i guigne-té par ches catiéres ? Par ches treus de leu masque éde velours, i vous déclaque-té des flammes éde fu da le poitrinne éde ches joines gairchons ; est-ti honnète ? Nan, ha n'est point honnète, honnète point ha n'est ; ch'est tout comme si os alloites déclaquer des plamusses au bon Diu. Beyez-mé in molet enter deux yux, lion pour vous warder d'éche soliau ; beyez-mé, Judas ; chan qu'os besez, éje crois que ch'est pour vous déguiser ; prendez warde qu'o ne vous déguise da l'eute monne. Ch'est-ti qu'os croyez éte sovès en foisant tous ches minnes ? Nan, nan, os ne l'êtes point, point os ne l'êtes.

Quant os irez buquer à le porte du paradis, et pi qu'éche portier i vous demandero : « Quèche-lò qu'i buque si fort ? » saint Pierre i vous raviscro par enne quiote fente, et pi i diro à le bon Diu :

— Ch'est ches cache-musieux, frummez-leu le porte ; i sont rentrès da me moison en leu muchant de mi ; j'éme muche à men tour. Qu'i s'en voiche-te à tous les diapes, qu'i leu diro tout renfrignè en Diu.

A propous, quèche qu'o prins pi volè ches poires éde men copére Caillette ? Il ont tout prins da sen gardin. Si quéqu'in y euche 'tè, o leus éroit cassè bros pi gammes ; à z'zé vir ensanne, mi je crois que ch'est 'tè eux ; ez'zé vlò comme éd's épeutaires da ches camps. Éje vodrois qu'o me diche écheti qu'il o prins pi volè che curè et pi qu'i disoit :

— Fuche ! i n'o ni fame ni anfant à norrir.

Péres et méres, os vous n'n en mouquez ; os vous n'n en mordrez les peus, les peus os vous n'n en mordrez. Hélò ! os serez bien saisis quant os voirez che grand diape aveu tous ches quiouts marmitons qu'i varont entrincr da le cœudiére d'ieu tout boulante, qu'ha fero glou, glou, glou, glou, qu'os voirez des grous crapeuds qu'i vous harperont pa le nez ; os érez bieu braire, huigner, vous égargater de crier : « A l'aide ! A mi ! J'éme meurs ! Éje n'en peux pu ! » Personne n'iro vous déraquer, ha sero pour l'éternitè.

Quoi que ch'est que l'éternité ? Ch'est pet-ète tréne chent mille ans. Quant j'y pense, éje tranne éde peur. Mais, quant i foro venir à che grand jugement, iou qu'os serons tertous ? Os serons tertous mis tout nus comme des quiouts gairchons quant i s'en vont se baingner. Quant os entendrez le trompette, éche tambour, ches sifflets, os trannerez d'enne diape dé forche. Os voirez quate grosses fusèes de fu, ches moisons qu'i brûleront comme éd's allummettes ; éje crois qu'o vous étouperoit bien le treu du cul aveu enne graine d'olliette.

Et pi mi, quant i me foro réne compte mout à mout de vous pieux, qué compte qu'éje rendrai-ti ? J'en sut bien en peine, bien en peine j'en sut. Éje crois qu'éje n'érai qu'à m'enfuir, o bien qu'à me mucher d'in quiout cuin ; i n'éro point lò à foire éle quiote bouque ; i foro dire tout chan qu'éje sérai, et pi quoi que j'ai foit de vous pieux. Mais quant éle Seingneur i me diro :

— Men sire Grégoire, rendez vous comptes ichi, éje li répondrai :

— Seingneur, os m'avez donnè des berbis galeusses, éje vous z'zé rends tigneusses, tigneusses éje vous z'zé rends.

Et pi, je dirai qu'os ne volez point vous corriger ; vlò tout chan qu'éje dirai.

Mais quèche qu'o prins et volè da che gardin de nou clerc éle carotte qu'al étoit si bien montèe en semenche ? Ch'étoit tout le pu béle d'éche hout ; éche povre homme éle vlò bien décarottè à che-t-heure ; i n'n o le cucur copè.

Nou boucher i n'n ossi da l'aile ; il avoit achetè in grous et gros porcheu qu'il o tuè pi pendu à che planquer de sen fornil. Ches coquins il ont copè le téte pi ches quate gambous ; i n'ont, mordiu ! rien laissiè.

Ah ça ! si os vous n'n avoit foit autant, quoi qu'os diroites ? Os diroites qu'ha n'est point honnête, honnète point ha n'est.

Vlo men prummier point.

DEUXIÈME POINT.

Reddite, don, quæ sunt Cæsaris Cæsari, et quæ sunt Dei Deo.

Foisez taire ches quiens, pi que personne éne peupe point. Rapportez ches gambons, voleus ! rendez le carotte, gardineus! rapportez ches poires, pendeus pi hocheus ! Et pi vous, joines files, qu'o ne vous voiche pu da ches bous aveu tous ches gairchons pour chercher des noisettes ; et pi, wardez-vous bien, tout au moins, d'éne point beyer ches feulles à l'envers ; os êtes bien aises, bien aises os êtes éque ches gairchons i vous boisc-té tout leu seu. Patienche, quant os varez da le moison de Diu vous placher tous ches prummiers, os voirez que j'éne canterai point de tout le jornée.

Erevenons et pi prendons in molet haleine.

I me sanne à vir qu'i n'o des gens qui ne m'ont point poyè me dîme : *Reddite quæ sunt Cæsaris Cæsari*, mes boins amis. Vrai comme j'éme tire éle filet, ch'étoit in diape d'homme éque César ; i mettoit putout se main à s'n épée qu'à se pochette. A vir ése mine, i vous éroit foit tranner de peur.

Éche grand Robert éle vlò tout devant mi ; i foit le sainte Mitouche, nen devroit-ti crever in dent ; i foit tout gémir da che villache-chi, mais ha n'éroit mie été pour in de ses dents creux. Éche n'est mie nen pu César qu'il o foit quére éle tour d'éche catieu ; os nen voyez coire chez ruinnes. I se foisoit bien poyer cheti-lol. Cheti qu'i ne voloit point poyer se dîme, i le copoit en quate comme nou vieu. Os êtes bien aisses éque j'éne sut point César, bien aisses os êtes. Ch'est che qu'i foit qu'os ne vous mettez nen pu en peine éde mi qu'éde vou cot. Os jappez tertous ensanne ; quant os êtes à le cloyette, os vous veutrez d'éche curè.

— Il est à s'n aisse, qu'os disez ; il o bien à foire d'argent ; qu'i s'attenche éque j'én'n i en porte ; ch'est pour sen nez, men cul.

Vlò comme o palle éde mi. Patienche, j'érai m'n érevenche. Nous marguilliers et pi nous sonneus i disaint dergniérement :

— Messire Gringoire os avez préchè l'eute jour qu'os seroimes tertous dàmnès si os ne pensoimes point à nou salut. Si h'étoit vrai chan qu'os nous disez, os seroimes tertous comme des huguenouts d'éle Turquie.

J'ai dit l'lo ? Eh bien, i foro que tout l'lo fuche, pace qu'os ètes tertous méchants comme des lions rouches.

Ch'est lò que j'érai m'n érevenche da me caïéle éde vérité, ioù qu'os ne volez point m'àcouter, acouter os ne volez.

Eh bien, ha n'iro point comme i vous sanne à vir. Os érez bieu dire : « Messire Gringoire ! » j'éne répondrai point nen pu qu'os n'avez volu réponne pour mi moison d'èche sergier pour d'éle tiretaine qu'éje volois acheter pour mi foire enne suténe ; éje répondrai putout à ches cots quant i miole-te.

Ayez in molet de tire-panche, mes boins amis. A cœusse qu'os ne poyez point me dîme ? I me sanne à vir qu'i n'o lò quéqu'in qu'i dit à part li :

—- Quant nou curè i prèche, ch'est tout comme si nous cot i mioloit.

Qu'i vienche-te à le confesse, éje les renvoierai bien par éde lò éle tant pi ; éje les capitrai à le coïette.

Pusqu'éme vlò, i feut qu'éje vous diche in quiout mout du viux Testament. Acoutez-mé.

In jour, i n'avoit in grous morvatier et pi deux-trois galorieus quertus qu'i couraint da ches camps comme des leus ; il allaint da ches gardius hocher tous ches pummes à le fin d'éle parfin ; i volaint comme des diapes volants, si bien qu'éle bòn Diu, hodè de leu pieu, i leus o envoyè in grand diape pu grand que Gargatua et pi pu fort éque Sanson ; i z'z o cairquès dessur sen dous et pi i s'est en allè à tous les diapes ; o n'éz'z o point vu sortir édepuis che tans-lò.

Pour mi, je crois qu'i sont da l'enfer jusqu'à leu gueule, pace qu'éle bon Diu il l'o dit quant il o dit : *Qui judicat, jam judicatus est.* Eh bien, z'zé vlò jugès ; is y sont, nou boin ? qu'i s'y tienche-te ; il ont bieu huigner et pi leus égargater de crier :

— Ouisette ! ouisette ! éje n'en peux pu, éje m'ons brûler !

Vlò in bieu miloir pour vous ; ha doit vous appréne pour l'avenir ; vlò comme os z'zé grinche quant i font éle hergneu da che monne-chi. Après tout l'lo, s'i vous arrive du mo, éje m'en décairque.

TROISIÈME POINT.

Ah ça, *Reddite*, don, *quæ sunt Cæsaris Cæsari, et quæ sunt Dei Deo.* Poyez-mé in molet me dîme éle l'énèe-chi : os le povez, os avez feuquè vous près, os avez engrangè vous gavelouts, os avez foit de toute ; os avez biécœup de coquelets pi de pouillettes, des quiouts aingneux pi des cochons et pi des dinouts ; portant, o ne m'o point poyé me dîme. Acoutez, i n'o pu rien da men gairgnier ; éme cafe al est fin sèque ; portant, i feut qu'éje viche. *Reddite quæ sunt Cæsaris Cæsari,* et pi os serons boins amis. Os vous dirons à che-t-heure : *et quæ sunt Dei Deo ;* et pi, si os volez me croire, égalisez-vous à foire vou salut, et pi venez à mi qu'éje vous remèche da che boin quemin. Si os me volez croire, éne beyez ches biens d'ichibos que comme érien, mais pensez à cheti d'en heut qu'il est bien pu boin pi meilleur.

Ah ça ! éne laissiez pu aller vous files à le débeuche ni à le veile aveu ches gairchons qu'i hinque-te et qu'i guigne-te éche manche éde leu rouet pour leu frotter le groin à le fin d'éle parfin ; i font du bieu patrouillache ; i n'éro des panches pleines et pi ches méres i brairont et pi i s'égargateront ; mais i ne sero pu tans de braire ni de s'égargater ; i foro atténe qu'éle poire al fuche meurte pour qu'al quéche.

I n'o des pendues de lanques da che villache-chi qu'i sont
àssè hardies éde dire qu'éme méquinne al est béle, bien foite,
bien gentie et pi qu'al o d'éle constanche pour mi, qu'os
n'avons qu'enne terrinne pour deux, et pi qu'al menche des
soupes aveuc mi, éque j'éne n'engronnerois mie in morcieu
qu'a' nen menche éle mitan. Quées lanques éde serpents mé-
disantes ! I n'n ont bien menti chent pieds da leu gueule : i
voite in quiout morcieu de paile da l's yux de leu prochain et
pi i ne voite-té mie enne rongnie qu'i s'en vo leu broyer leu
tête. A le plache d'éte songneux de vou salut, venez tertous
vite, ém's amis, qu'éje vous apprenche éle *tu autem*, et pi
qu'éje monte éche quiout quemin qu'i mènero à le messe, à
veupes, au catéchisse, à l'offranne pour donner le pu béle
frinne pour ches pains benits.

Mais devisons in molet de nous éreliques. Ch'est enne honte :
o n'éz' zé boisse nen pu que des quiens. I n'o da che platieu
d'argent des cavieux d'éle béle Hélène ; i n'o coire éche talon
d'in seuler d'él'l apprenti de S. Crépin ; os avons coire éde pu
béles et de pu vieilés éreliques qu'i n'o da tout le monne. Os
avons da l'l ormoire éde bous ganne éle mitan d'éche seutier
de David éde nou pére Adam ; éche capelet d'ése fame Éfe, nou
prummiére mére ; enne manche d'éle quemisse d'éle prummiére véture d'Abel ; enne plumme d'éle corneile éque Noè il
o lachèe d'él'l arche ; ches coeuches éde Pharaon ; du verglos
du tans de Vespasien ; i n'o des chabouts de Salomon quant il
alloit gléner da ches bous ; da tout l'l ormoire, os voyez le
buire d'éle Samaritaine quant Note Seingneur il étoit si essapi ;
i n'o coire éche bordon de S. Pierre quant il étoit pélerin de
S. Jacques. Éche quiout saint qu'il est par driére men dous,
aveu se rope tout arrachèe, i n'n o pus foit à part li qu'in
chent d'eutes.

Os ne pensez mie portant à tout l'lo ; os y devroites bien
portant penser : *Reddite quæ sunt Dei Deo*. Acoutez, foites
d'in diape deux. Comme éme vlò recranne éde nen dire tant,

venez tertous, m's amis, vite, et pi dépéchez-vous par éte éde ches
élus, non point de ches grises minnes ; foites tout chan qu'éje
vous dirai, et pi le Seingneur i vous donnero à tertous chaquin
enne quiote cahutte dorèe de ganne aveu des bieux diamants,
des caïéles pour vous motte à le coïette tout le tans de l'éternité, et pi os mengerez du boin rôti et pi du boin chuque tout
vou seu, ha vous rendro tout d'enne morsuire d'éle l'ambroisie
d'éle toute puissance iou qu'o ne fero point de piteusse mine ;
aveuc li, os canterez au son d'éle trompette dorèe, os danserez
au son d'éle cormusse d'argent ; os serez aisses comme des
quiouts cots. Chan qu'éje vous souhaite à tertous autant qu'os
êtes.

VIII

Dialogue entre deux petites paysannes et un médecin.

— Bojour, monsieur che médecin.

— Bonjour, mes enfants. Qu'est-ce que vous me demandez ?

— Monsieu, os venons vous consoler pi vous demander
quéques droques pour man mére qu'al est malate d'in pintelot.

— Bon. Qu'est-ce qu'elle a, votre mère ?

— Monsieu, o dit comme lo qu'al o des voleus da se téte,
des flémes da s'n estomo, pi coire les fieufes.

— Qu'est-ce que vous lui faites prendre à votre mère ?

— Ah ! monsieu, M. le Curè il o bien défendu qu'o prinche
érien.

— Je ne dis pas cela, mes enfants ; qu'est-ce que vous lui
faites avaler ?

— Al humme du bouillon, monsieu, pi al menche des soupes.

— Va-t-elle à la selle ?

— Monsieu, a' ne vo ni a séle ni à blatiére.

— Ce n'est pas cela que je vous demande ; pour parler français, ch...-t-elle bien ?

— Ah ! monsieu, a' nen quie pus en enne fois qu'os n'en séroites menger en deux.

— Bien obligé, mes enfants, Vous direz à votre mère qu'elle se ménage et qu'elle fasse diète.

Les enfants crurent que le médecin ordonnait à leur mère d'avoir soin de son ménage et de chasser les guêpes.

L'histoire ne dit pas le reste...

TABLE DES MATIÈRES.

APPENDICE

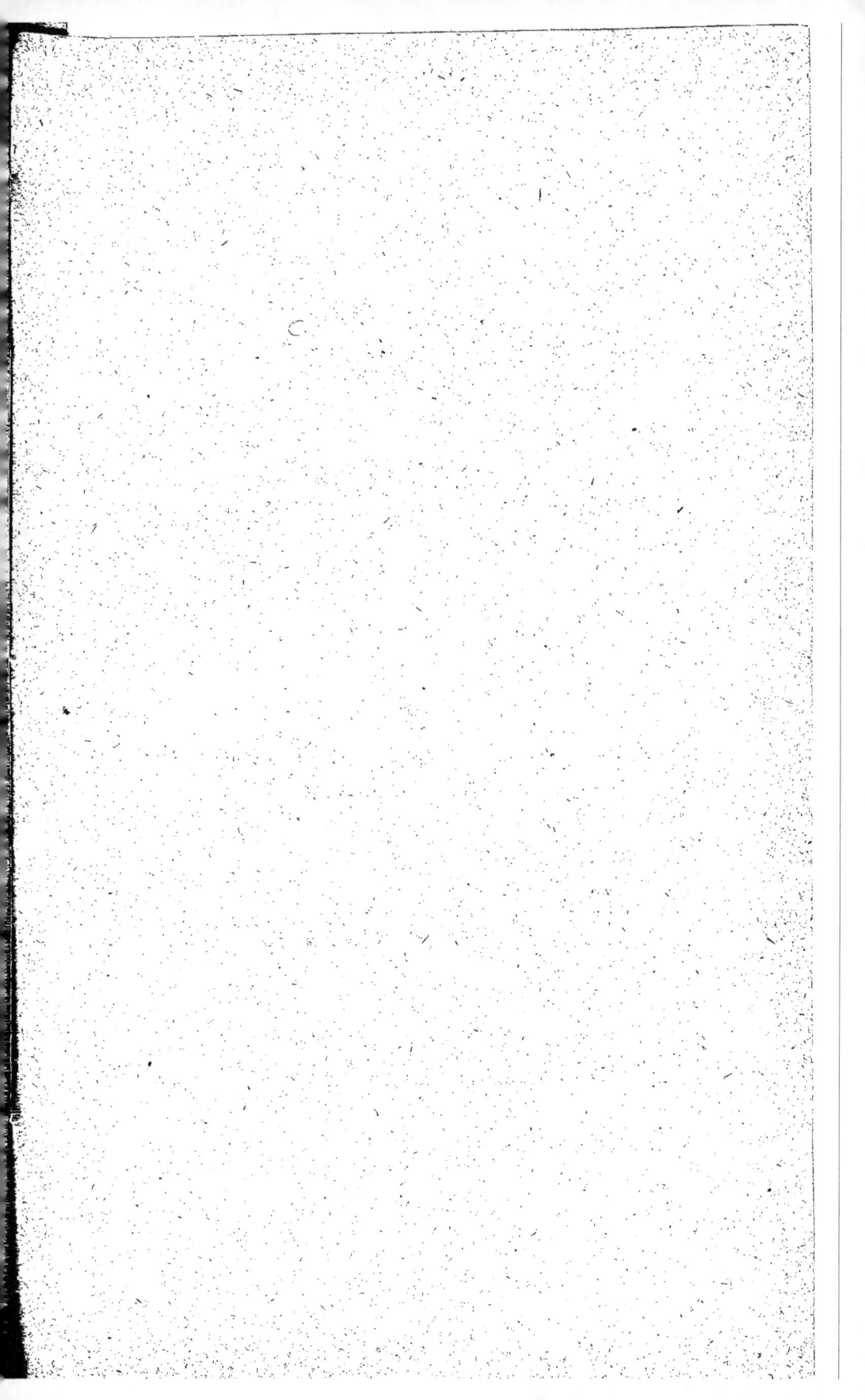

www.ingramcontent.com/pod-product-compliance
Lightning Source LLC
Chambersburg PA
CBHW050109210326
41519CB00015BA/3883